凡　例

略　語

ГАРФ：Государственный архив Российской федерации（ロシア連邦国立文書館）

ОР РГБ：Отдел рукописей Российской государственной библиотеки（ロシア国立図書館手稿部）

ОР РНБ：Отдел рукописей Российской национальной библиотеки（ロシア国民図書館手稿部）

ПСЗ：Полное собрание законов Российской империи（ロシア帝国法令全集）

РГАДА：Российский государственный архив древних актов（ロシア国立古文書館）

EA：Eesti Ajalooarhiiv（エストニア国立歴史文書館）

LVVA：Latvijas valsts vestures arhīvs（ラトヴィア国立歴史文書館）

ф.：фонд（フォンド／文書グループ）

к.：карта（配置）

ед. хр.：единица хранения（保管単位）

оп.：опись（目録）

д.：дело（ファイル）

л.：лист（葉／頁）

об.：обратный（裏面）

暦

本文中に登場する年月日は、特に断りがない限り、原則として旧暦（ユリウス暦）である。12 日（1901 年以降は 13 日）足すと、新暦（グレゴリオ暦）の日付になる。

目次

帝国・〈陰謀〉・ナショナリズム

結　論――「オストゼイ問題」とは何であったか

はじめに

問題の所在

本書では、一八六〇年代後半のロシア社会において、従来は帝国内の特定の地域が占める特権的な地位、あるいは特定の階層に属する住民が有する特権といった「社会的公正」の問題として理解されていた問題が、政治的な問題に変容していく過程について論じている。主要な考察対象である「オストゼイ問題（バルト・ドイツ人問題）」とは、バルト海沿岸地方、そしてバルト・ドイツ人という、「特権的地域」と「特権階層」に関する諸問題の総体のことを指す。しかし、一八六〇年代後半に至って、同問題をめぐる状況に転機が生じた。定期刊行物でこの問題の議論が苛烈化し、問題が「政治化」したのである。一部の特権階層の存在に対する批判が、ロシア帝国における「ロシア」というネイションの支配的地位に対抗する「ドイツ人」、「ドイツ・ナショナリズム」の問題へとすり替わっていったというのが著者の見立てである。

本書は、その過程に関わる様々な言説を分析し、それらをつなぎ、再構成することで、オストゼイ問題をめぐる論戦がロシア社会に与えた衝撃の歴史的意義を明らかにする試みである。そして最終的には、このオストゼイ問題の政治化という過程が、「不自然」で「人為的」な過程であったことが示される。

ロシア社会でバルト海沿岸地方の事情が意識されるようになった契機は、一八六〇年代前半のいわゆる「大改革」である。これは、農奴解放（一八六一年）を始めとする、皇帝アレクサンドル二世（一八一八―八一年。在位：一八五五―八一年）の下で行われた内政面における自由主義的な諸改革の総体である。一八六一年二月一九日に公布された農奴解放令において採用されたのは、二年間の準備期間を経て、農奴を人格的に解放するとともに一定の土地を分与する、農民は分余地を買い戻すことによってその所有者になるという、「土地付き解放」であった。しかし、一八五六年頃から農奴制廃止に関する議論が政府内で始まった時、皇帝や官僚たちの念頭にあったのは、バルト海沿岸地方の各県における農奴制廃止であった。後述するように、バルト海沿岸地方の各県では、一八一七年から一九年にかけて農奴の「土地なし解放」が実施され、農奴制が廃止された。「人格の解放はするが土地については屋敷地だけを有償で共同体に付与する」[1]というバルト海沿岸地方の改革方式は、ロシアにおける農奴解放の有力案であった。改革の方向性を決定する過程で、いわば議論の叩き台としてバルト海沿岸地方が意識されていたのである。

大改革は、農奴解放以外に、ゼムストヴォ（地方自治機関）設置、司法制度改革、教育制度改革、検閲制度改革などを含む。こうした社会全体に及ぶ改革は、帝国内の矛盾をあぶり出さずにはいなかった。その矛盾の一つが、非ロシア系民族を主体とする民族問題である。大改革以降、一八六〇年代初頭に独立を求めるポーランド人の運動が活発化した。また、一九世紀前半にロシア政府の弾圧を受けていたウクライナ人の民族再生運動がこの時期に再活性化した。

いうまでもなく、ロシア帝国の歴史において、非ロシア系民族集団が人口で多数派を占める、あるいは宗教的、文化的、経済的、社会的、政治的に優位を占めるような地域をどのようにロシア帝国の国家制度に包摂していくかという課題への対処は、常に切実であった。とりわけ、一八世紀以降、帝国が形成されていくなかで、国家あるいは地方の統治に携わる人々にとっては、自明すぎる課題であった。

しかし、注意を要するのは、一八六〇年代以前とそれ以降では、問題の社会における位置づけがまるで異なっていたということである。一八六〇年代以前における民族問題とは、概ね、いかに「異質」な要素と向き合い、合理的に秩序を維持していくかという、中央政府および地方政府の統治エリートの「技術論」に属する課題であったといってよい。ところが、一八六〇年代以降になると、民族問題は統治エリートたちの技術論に収まりきるような問題ではなくなっていた。その頃になると、エリートの閉ざされた世界だけではなく、徐々に拡大しようとしていたロシアの公共圏で、ロシア帝国における「民族」の概念そのものが問われるようになっていたのである。すなわち、帝国内に居住する非ロシア人は何者なのか、そもそも彼らと同じ空間で生活しているロシア人は何者なのかという、ロシアという民族のアイデンティティが問われる時代が一八六〇年代に訪れたのである。

このような変化を最も象徴していたのが、第二次ポーランド反乱（一八六三―六四年）以降のポーランド人に対するロシア人側の態度であろう。この反乱がロシア社会に与えたインパクトはきわめて強烈であったことは疑い得ない。そもそも、先の第一次ポーランド反乱（一八三〇―三一年）後のロシア社会では、ポーランド人に対する嫌悪（ポロノフォビア）が強まり、「裏切り者」、「恩知らず」[2]といった、ポーランド人に対する否定的なステレオタイプが広がっていた。そこに第二次反乱が発生し、それ以降、ロシア人に蔓延していたポロノフォビアがさらにヒステリックな度合いを強めていったのである。先の「裏切り者」というイメージを超えて、「テロリスト」、「陰謀家」、「反乱者」、さらには「ポーランド人＝国民の敵」というイメージがロシア社会に定着したこと

が、研究者によって指摘されている。(3)

このポーランド人に対する敵性イメージの醸成にとって重要だったのは、反乱そのものの衝撃とともに、当時のロシア社会が置かれていたコンテクストである。一八六〇年代前半、ロシア社会は大改革の渦中にあった。この社会制度の自由化とフラット化を志向する自由主義的な改革は、支配階層の支配の根強さゆえに不徹底に終わった。また、人々は混乱と不安に直面することを余儀なくされた。社会および人心の乱れは、しばしばその社会の成員自身、あるいは社会そのものへの疑問に直結する。一八六〇年代以降、特にロシア人のあいだに根付いたポロノフォビアも、そうしたコンテクストのなかで理解されなければならない。ロシア社会に反・嫌ポーランド的な雰囲気が醸成されていった一方、同時にロシア人およびロシアという空間の定義に対する疑問にもつながっていったことが見落とされてはならない。

そして一八六〇年代にあっては、「ポーランド人」、「ロシア人」、「ロシア」などの問題群に関する議論は、もはや一部のエリートの集まりや知識人のサロンにとどまるものではなくなった。一八六〇年代は、ロシアで新聞、雑誌などの活字メディアが活況を呈した時代にあたる。各種の公共的空間や活字メディアにおいても、様々な問題が議論されるようになった。(4) このような社会の動向は、次のように解されなければならない。すなわち、ロシア帝国臣民のうち、活字を読むことができ、ジャーナリズムや文壇の動向に関心を持っている「公衆」を構成していた人々が、ポーランド問題、そしてそれに対応して生じた「ロシア問題」ともいうべき自己認識の問題について議論する中で、「ロシア国民」という観念を着想しようとする過程だということである。

この過程の考察において、忘れてはならないのは、国民という観念の着想には、同一性をもつ国民という自己理解とともに、ある集団にとっての共通の「他者」ないしは「敵」という集合的観念が不可欠だということである。このことは、近年のナショナリズム研究において、ことに強調されている点でもある。[5] この敵という集合的観念からナショナリズムが導き出されるという構図は、一八六〇年代のロシアの状況に符合する。この時代のロシア人も、ロシア国民像を形成する過程で、同時に敵対する他者を必要としていたと見なすことが可能である。そしてその他者の典型的な民族集団は、ポーランド人であったと見なすことも可能である。

代表的なロシア帝国研究者ミハイル・ドルビロフによれば、ポーランド人に対するロシア人の嫌悪感は大改革以降の諸問題と病理の象徴であって、それらこそが「ポーランド人＝敵」というステレオタイプの構築を促した要因であった。[6] 実際、第二次ポーランド反乱以降、「敵」を得たロシア社会では、ミハイル・ニキフォロヴィッチ・カトコーフ（一八一八―八七年）に代表されるロシア・ナショナリズム的な言説が台頭するようになった。[7] 付言すれば、ポーランド史研究者ブライアン・ポーターによると、敵対者であるポーランド人の側の「ポーランド国民」という観念も、一九世紀から二〇世紀にかけてロシアと相対するなかで構築されたものだったという。[8] ロシアとポーランドのナショナリズムは相互に敵と見なし合いながら、それぞれの「国民」概念の創造を媒介したということである。このように、ロシア帝国でも「敵」の観念は、「国民」の想像とナショナリズムの発生という展開において重要な役割を担ったのである。

しかし、ここで注目すべきは、ロシアでポーランド人が社会問題化したことの意義は、単にポーランド人に対抗する形でロシア・ナショナリズムが強まったというだけにとどまらないということである。重要なのは、レオニード・ゴリゾントフが指摘したように、ポーランド問題が同問題と類似した諸々の性質を持つ他の民族主義・地域主義の火種に投影されたことである。それによってポーランド問題は、ロシア帝国各地の政治的分離主義に対する不安と警戒を呼び起こすマトリクスのごときものになった。[9] 言い換えれば、ある動向がロシアにとって危険か否かは、ポーランド問題を媒介として判断されていたのである。

このことは、帝国各地におけるロシアにとっての友／敵の見極め、あるいはロシア／非ロシアの区別を促し、ロシア人の空間認識に重大な影響を与えることになった。その結果、ロシア帝国各地でポーランド問題と類似した帝国分裂につながりかねない火種が見出されては、新しい社会問題が構築されるようになったのである。[10]その意味でポーランド問題は、いわゆる「致命的問題[11]」の原型であった。

右のような文脈のなかで、浮上してきた社会問題の一つが、本書の主題であるオストゼイ問題[12]（остзейский вопрос）である。バルト・ドイツ人は、ロシア社会の各方面の主導的地位で活躍し、ロシア国家に忠実に貢献してきた。しかし、後述するように、一八六〇年代後半に至ると、反ロシア的な〈陰謀〉を企てる危険な民族集団という、厳しい公的イメージを被せられるに至ったのである。これはオストゼイ問題が「実在的」な問題として顕在化したわけではない、すなわち、バルト海沿岸地方におけるドイツ人がドイツ・ナショナリズムの主体となったわけではない。ポーランド問題と同様に、当時のロシア社会の諸状況、様々な要因と言説の相互作用によって「ドイツ人の陰謀」という「物語」が構築された。その結果として、オストゼイ問題が浮かび上がってきたといわねばならない。

先行研究でも指摘されてきたように、オストゼイ問題とポーランド問題には、いくつもの類似点、共通点を見出すことができる。例えば、①バルト・ドイツ人とポーランド人はともに「特権的」ともいえるほどに、相対的に高い水準の自由と自治を享受していた時期があること[13]、②両者を核とする民族問題は、ともに大改革が進行する過程で表面化した様々な社会病理を背景として、一八六〇年代に至って特に尖鋭化したこと、③歴史的には、政治的、文化的にロシア人がドイツ人とポーランド人の後塵を拝することが多かったため、両民族はロシア人に劣等感を呼び覚ます対象であったこと、④両民族ともロシア帝国の外部に同胞集団をもっていたこと、などが指摘できる。

しかし、この両問題を結びつけるのは、列挙したような表面的な類似点、共通点だけではない。一八六〇年代のロシアで展開された言説によって、両問題は結びついているという「物語」が生まれ、定着したのである。本書が問題とするのは、この「物語」である。まず、その構築過程が解明される。そしてこの物語は一八七〇年代に入ってから、急速に語られなくなるが、その事情についても論じる。後述するように、これは何らかの「隠蔽」が行われたためだと考えられる。本書は、オストゼイ問題の構築と隠蔽に注目しながら、一九世紀後半のロシア帝国におけるこの問題のインパクトについて考察するものである。

言説におけるポーランド問題とオストゼイ問題の結節点に着目する視点が必要とされるのは、次のような事情による。バルト・ドイツ人に関する研究において大きな位置を占めている分野に「ロシア化」の問題があり、ここにはロシア化圧力に抗するドイツ系住民という構図があった。しかし著者は、この問題は基本的に一八八〇年代以降に限定すべきだと考える。もちろん、それ以前の時代においても、ロシア化の議論はあった。しかし、後述するように、一八八〇年代以前において「バルト海沿岸地方のロシア化」という目標設定は、必ずしも自明なものではなかった。つまり、「ロシア化」という目標が明確に設定されるまでには、バルト・ドイツ人の特権的地位を否定する「物語」の構築過程があったはずである。また、一八六〇年代に構築されながら、少なくとも表面上は一八七〇年代を通じてほとんど語られず、一八八〇年代になって再び「物語」が注目されるようになる事情を理解するには、オストゼイ問題の「隠蔽」過程に目を向けることが重要である。ともあれ、バルト海沿岸地方においてロシアが支配を確立すべきであるという理念が構築されるまでの過程に目を向ける必要がある。

本書の考察対象である一連の過程において、重要な役割を果たしたと見られる人物が、ユーリー・フョードロヴィッチ・サマーリン（一八一九―七六年）である。ロシアにおけるバルト海沿岸地方に関する問題提起は、この人物によって開始された。また、一八六〇年代のオストゼイ問題に関する論戦の鍵概念である〈陰謀〉の概念化において重要な役割を担った人物でもある。それゆえ本書では、サマーリンの著作および文書館史料が主な分析対象になる。

そしてバルト・ドイツ人の特権性を否定する「物語」には、バルト・ドイツ人周辺を囲繞する多様な問題群が関わっている。ソ連時代を代表するオストゼイ問題の研究者の一人、セルゲイ・イサーコフによれば、同問題には、①農民・土地問題、②中世的な都市行政、③地方裁判所の改革、④ロシア語問題、⑤正教問題の五点が具体的内容として含まれている。[14] また、これら以外にも、「ロシアとラトヴィア人、エストニア人との相互関係」、「バルト・ドイツ人とロシア政府、あるいはドイツ政府との相互関係、ロシア政府内の親バルト・ドイツ派」、「「ドイツ党」の問題」、「露独外交関係におけるバルト海沿岸地方の位置づけ」、「バルト・ドイツ人とロシア・ナショナリズムとの相互関係」、「オストゼイ問題と他の西部諸県の民族問題との相互関係」など、実に多くの問題群が考えられるのである。

著者の理解では、右に挙げた多様な問題群の集積こそ、オストゼイ問題である。そして改めての確認となるが、著者の視角は、諸要因と言説の相互作用によってなされたオストゼイ問題の構築とその隠蔽の過程に向けられる。

本書の現代的意義

以上の視点にもとづくこの研究の意義は、今日の「帝国」への知的関心とむすびついている。現代の学問において、「帝国」は、たんなる歴史学的な関心の対象であるにとどまらず、幅広い文脈で使われている。冷戦後に唯一の超大国となったアメリカの対外政策、ヨーロッパ連合の拡大、あるいはBRICS（ブラジル、ロシア、インド、中国、南アフリカ）に代表される地域大国の台頭などの現象という文脈において想起される概念でもある。そのため、「帝国」はいまや、人文社会科学全般で広範に使用される用語になっている。[15] つまり、帝国を論ずる際にどのような方向性をとるにせよ、かつての帝国的空間と現代のグローバル化された世界とのあいだに相似性をみいだす視点は、ほとんど共通了解事項であるといっても過言ではないのである。

このような学問的状況において、今日スラヴ・ユーラシア地域と称される空間が注目され、その中の相当な領域を占めていたロシア帝国に目が向けられるのは当然のことであり、ロシア帝国を構成する個々の地域に目が向けられるのも自然なことであるといわねばならない。それゆえに、ロシア帝国における一九世紀のバルト海沿岸地方の歴史への関心も、重要だといえる。

先行研究について

オストゼイ問題に関しては、言うまでもなく、様々な問題関心にもとづく先行研究が存在する。しかし、それらを網羅した研究史の記述は割愛する。個々の研究については、第一章以降で、必要に応じて言及するだろう。ここでは、大まかな先行研究の方向性を示し、これまでに論じられたことと論じられなかったことを指摘するにとどめる。そして、それを手がかりとして、課題と目的を示し、本論への導入としたい。

オストゼイ問題は様々な切り口から論じられてきた。それらを俯瞰すれば、過去の研究の方向性は、次のように分類できる。

ロシア帝国研究の問題群の一つとして論じる研究。
バルト地域史または各国史のトピックとして論じる研究。
オストゼイ問題との関わりの深い、特定の思想家や活動家に着目した研究。

著者は、右に述べたオストゼイ問題に含まれる個々の問題群については、十分に研究が進められてきたと考えている。しかし、その一方で、これらの問題群がロシア人の自己アイデンティティや空間認識に与えた影響とその余波については、十分に明らかにされたとはいえないとも考えている。言い換えれば、オストゼイ問題がロシアの社会問題として浮上した過程は、先行研究においては、十分に解明されたとはいえないということである。それが意味するのは、なぜロシア社会がバルト海沿岸地方の問題を自分たちの社会問題として捉えなければならなかったのかという問いが未解決のまま、残されているということである。本書で詳述するように、オストゼイ問題は、ロシア国内外の情勢、バルト海沿岸地方に関わった各人の活動と言説の相互作用の結果として、一九世紀後半以降に浮上してきた。一九世紀後半のロシアにおけるオストゼイ問題というトピックには、いまなお論ずべきことが残されている。これが先行研究に対する著者の評価である。

本書の目的と課題、ならびに考察対象となる時期

本書の目的は、一八六〇年代後半におけるオストゼイ問題の浮上に関わる諸問題、様々なアクター、言説の様態を明らかにし、それらが織り成す問題の発生過程とその展開を再構成することである。すなわち、オストゼイ問題の浮上とそれがロシア社会に与えたインパクトの意義を明らかにするということである。これはバルト各国史や個々の人物史ではなく、オストゼイ問題を一八六〇年代ロシアの社会問題として捉えなおそうとするロシア史に属する試みである。

この目的を達するため、本書では次の課題を設定する。第一に、一八六〇年代のバルト・ドイツ人の問題化以前（一八世紀初頭―一八五〇年頃）の状況を素描すること、第二に、問題化に関わるロシア国内外の諸要因と言説を明らかにすること、第三に、オストゼイ問題をめぐる議論の展開を明らかにし、ロシア人のバルト・ドイツ人に対する視線の変化に与えた影響を明らかにすることである。

なお、本書の考察対象となる時期は、一八四八年から一八七〇年までである。これは、バルト海沿岸地方の存在をロシアで初めて厳しく批判した人物であるサマーリンによる最初の問題提起となった『リガからの手紙』の執筆が一八四八年、そして事実上、二度目の問題提起となった『ロシアの辺境』第一分冊の出版とそれをめぐる喧騒が終息したのが一八七〇年頃であることによる。

史料

本書で利用した史料は、未刊行物と刊行物に分けられる。

未刊行物には、モスクワのロシア国立図書館手稿部、ロシア連邦国立文書館、ロシア国立古文書館、サンクトペテルブルクのロシア国民図書館手稿部、リガのラトヴィア国立歴史文書館、タルトゥのエストニア国立歴史文書館で渉猟した史料が含まれる。我が国では、これら三国のアーカイヴ史料に基づいて一本のモノグラフが編まれた例は希少である。また本書では、例えばロシア国立古文書館に所蔵されているオルローフ＝ダヴィドーフ家フォンドなど、従来あまり活用されてきたとはいえない史料も利用している。

刊行物のなかには、サマーリン、カトコーフ、イヴァン・アクサーコフ、ミハイル・ポゴージン、カール・シレンらの著作が含まれる。これらに関しては、一部を除き、基本的には全集または選集などに採録されたテクストを使用した。また定期刊行物に掲載された論文や記事に関しても、全集または選集に収録されたテクストを使用し、あえてそれらの原本を読み直す作業は行っていない。その理由は四つある。すなわち、イサーコフやユリア・ミハイロワらがこれらを読み解くことに主眼を置いた優れた先行研究を既に発表していること、著者の語学力の制約（特にドイツ語に関して）、オリジナル・テクストへのアクセスが必ずしも容易ではないこと、そして何よりも、あくまでも著者の関心はこれら著作者の言説のインパクトを明らかにする点にあるので、定期刊行物自体の読み込みには一義的な意味がないと思われることである。

特定の用語の表記について

本書では、一部の重要な概念に関して、あまり一般的とは言えない、特殊な表記、名称を使用している。著者がそれらを敢えて採用した事情について、若干の補足的な説明をしておきたい。

まず〈陰謀〉という表記についてである。このような表記を採用したのは、日本語で「陰謀」と翻訳される可能性のある外国語（ロシア語）の単語が複数ある事情と関わっている。本書の研究対象である一八六〇年代のロシア語では、《интрига（英：intrigue）》と《заговор（英：conspiracy）》が「陰謀」と訳されうる代表的な単語である（これら以外にも《козни》、《происки》などが「陰謀」と訳されることがある）。またこの二語は、本書で論じた思想家たちのテクストに頻出する。

しかし、本書で〈陰謀〉と表記されているとき、それはどちらかの特定の語を指しているわけではない。著者は、これらのすべての意味、ニュアンスを含んだものを表現するために〈陰謀〉という表記を使っている。

なぜこのような表記にしたかと言えば、本書に登場するロシアの思想家のテクストにおいてしばしば《интрига》や《заговор》は混じり合い、著者の目には、基本的に同じ領域をさす語として使用されているように映ったからである。両者は、管見では、前者が「術策」、「不義」、「密通」など、「不道徳性」に通じる概念を表わす語であるのに対し、後者は「共謀」、「秘密結社」など、「違法性」あるいは「反社会性」に通じる概念を表わす語であるという違いがある。しかし、本書の第二章以降を参照していただきたいが、ロシアの思想家たちは、バルト・ドイツ人の存在を「不道徳」であると同時に「反社会的」だと見なしていた。その意味で、本書においては、《интрига》と《заговор》を細かく分類することにあまり意味はないといえよう。また、その一方で、両者を同時にまとめて把握しなければならない場合もあるともいえよう。著者は、この《интрига》と《заговор》が混じり合っている場合に、それらのどちらかの「陰謀」と同定される場合と区別するために、〈陰謀〉という表記を用いた。

次に「オストゼイ問題」という呼称についてである。（日本語で書かれた）先行研究を参照する限り、「オストゼイ問題」という呼称は人口に膾炙しているとは言えない。一般的に、「バルト・ドイツ人問題」として知られている。そのため本書の副題ではこの用語を用いた。しかし本書の中では、基本的に「オストゼイ問題」という呼称を使用する。というのは、「バルト・ドイツ人問題」という呼称では、この問題の発端である彼らの「ドイツ系特権階層」という側面、あるいは「エリート」という側面を十分に汲みきれていないからである。読者の中には、（民族問題としての）「ドイツ人問題」というイメージを持つ人もいるかもしれないが、この地域のドイツ・ナショナリズムが公に問題とされるようになるのは、ロシアとバルト海沿岸地方のジャーナリズムによる論戦のあった一八六〇年代以降のことである。つまり少なくとも一八六〇年代以前の状況を表す名称として、「バルト・ドイツ人問題」という呼称は適切とはいえない。以上の事情により、本書では、あまり一般的とは言えない「オストゼイ問題」という呼称を使用する。

構成

第一章「ロシア帝国とバルト・ドイツ人（一八世紀初頭―一九世紀初頭）」では、一八四〇年代前半までのロシアとバルト海沿岸地方の歴史を概観し、バルト・ドイツ人とオストゼイ問題のルーツについて論じる。これは、一八四〇年代後半以降のサマーリンらによるバルト・ドイツ人批判、バルト政策についてのロシア政府への批判を理解する前提となるものである。

第二章「サマーリンの問題提起とその衝撃」では、一八四八年一二月からサマーリンの知己を中心に回し読みされるようになった、『リガからの手紙』前後の情勢、同書の内容、それに対する反響を分析し、同書が提起した問題の核心を明らかにする。後述するように、それはロシア・ナショナリズムにもとづく「国家内国家」批判、ロシア帝国批判にあった。

第三章「一八六〇年代後半におけるオストゼイ問題の浮上」では、バルト・ドイツ人が社会問題化した背景について論じている。前章で論じた『リガからの手紙』の頃とは異なる情勢を構成したロシア内外の変化を分析し、それとバルト・ドイツ人の社会問題化との関わりを検討する。

第四章「〈陰謀〉としてのオストゼイ問題――カトコーフとサマーリンによる概念化」では、一八六〇年代後半におけるカトコーフとサマーリンのオストゼイ問題に関する言説について論じている。カトコーフはポーランド問題とオストゼイ問題を〈陰謀〉の概念によって結びつけた。そしてサマーリンは、一八六八年八月に出版した『ロシアの辺境』において、オストゼイ問題の本質を「ドイツ人の陰謀」という概念によって説明してみせた。『ロシアの辺境』は当時、大反響を呼んだが、そのインパクトの核心は、この「ドイツ人の陰謀」の「摘発」にあったことを論証する。また、それはロシアとドイツのナショナリズムの対決をも惹起しかねないものであった。

第五章「「隠蔽」されるオストゼイ問題」では、『ロシアの辺境』をめぐる大論争とロシア政府によるオストゼイ問題の収拾の論理を検討する。一八六〇年代半ばからロシアおよびバルト海沿岸地方のジャーナリズムにおいて展開されていたバルト・ドイツ人をめぐる論戦は、『ロシアの辺境』の登場によって、火に油を注ぐ形となった。しかし、一八七〇年代に入ると、オストゼイ問題に関する論議は事実上、途絶えてしまった。この章では、その過程における政府の論理を示し、そこに垣間見えるバルト海沿岸地方に関するロシア政府の思想を描き出す。

結論では、本書の議論をまとめ、一八七〇年以降のオストゼイ問題を辿り、一八六〇年代に行われた論戦の意義について考察している。

（1）田中・倉持・和田 一九九四(2)、二〇二頁。

（2）Бухарин 2007. С. 4.

（3）Долбилов 2005. С. 151.

（4）Maiorova 2005. p. 502.

（5）ここでは、例えば、次の研究を念頭に置いている。Elias 1989; 小坂井 二〇〇二、ヤイスマン 二〇〇七。

（6）См.: Долбилов 2005. С. 174.

（7）ソ連時代から今日に至るまで、多くの研究者は、第二次ポーランド反乱がカトコーフにとって「反動化」の重大な転機だったと見なしてきた。彼は元々リベラルな西欧派だったが、反乱を契機として国家主義者、ロシア・ナショナリストに転身したと理解されてきた（cf. Thaden 1964. p. 13; Хоскинг 2008. С. 83–84）。ただし、最近のロシアにおけるカトコーフ研究では、ポーランド反乱を転機としつつも、急激に転向を遂げたかのような見解を否定する向きもある（Брутян 2001. С. 43）。またカトコーフはポーランド反乱を厳しく批判したが、法的一元化を求めたのであり、ポーランド人の抑圧やロシア化を安易に主張したわけではないとする見解が近年になって出されている（Реннер 2005. С. 458）。

（8）Porter 2000. p. 5.

（9）Горизонтов 2004. С. 66（ゴリゾントフ 二〇〇四、六一頁）.

（10）「ポーランド問題は致命的な社会問題群のマトリクス」であるというゴリゾントフの指摘には、松里公孝らが批判するロシア帝国研究における「民族中心主義的アプローチ」を克服する論理が含まれている。「民族中心主義」とは、あたかも個々の民族が実体であるかのように研究するアプローチのことである（松里 二〇〇六、一五一頁参照）。ゴリゾントフや松里の見地に立てば、ポーランド問題自体がロシア人の空間認識において構築されたものであり、その他の民族問題も、ポーランド問題を雛型として構築されたものということになる。

（11）「致命的問題」という言葉を最初に使ったのは、ニコライ・ストラーホフ（一八二八―一八九六年）である。一八六三年、雑誌『時間（Время）』第四号において、「ロシアの運命を決定づける問題」という意味で、ポーランド問題を「致命的問題」と表現した。Горизонтов 2004. С. 67（ゴリゾントフ 二〇〇四、六二頁）.

（12）「オストゼイ」とは、ドイツ語の「バルト海（Ostsee）」に由来する。バルト海沿岸地方のドイツ系支配階層は、「オストゼイ人（остзейцы）」、あるいは「オストゼイ・ドイツ人（остзейские немцы）」と呼ばれていた。歴史的には、「バルト問題（балтийский вопрос）」、「沿バルト海問題（прибалтийский вопрос）」という表記も使われてきた。それらも一九世紀であれば、オストゼイ問題（остзейский вопрос）と同義であると見なして差し支えない。ただし、オストゼイ人やオストゼイ問題という呼称が使用されたのは、基本的にその呼び手がバルト・ドイツ人に批判的な場合である。エストニア史家トオマス・カリヤヒャルムによれば、ロシア政府は、バルト海沿岸地方にロシア人の関心が向くのを嫌がり、公文書などで「オストゼイ人（остзейцы）」という用語を使用したケースは少ないという（Карьяхярм 2013. С. 11–12）。ちなみに、この用語が人口に膾炙したのは、『クロンシュタット報知』という雑誌が一八六〇年代、中世的な偏見を無理に保存しようとする人々のことをオストゼイ人と呼んだことがきっかけだという（См.: Исаков 1961. С. 5）。

（13）バルト・ドイツ人の特権については、第一章以降で詳しく論じるので、ここではポーランド人が享受していた権利について簡単に述べておく。三度にわたるポーランド分割（一七七二、九三、九五年）の結果、ポーランド共和国（レーチ・ポスポリータ）の六二パーセント、ポーランド人口の四五パーセントがロシア帝国に属することになったが、ナポレオンとアレクサンドル一世およびプロイセンのフリードリッヒ・ヴィルヘルム三世とのあいだで締結されたティルジット条約（一八〇七年）にもとづき、ナポレオンはロシアおよびプロイセンの旧ポーランド領をワルシャワ公国として再興し、自由主義的なナポレオン憲法を与えた。ナポレオンの敗北後、ウィーン条約（一八一五年）にもとづいて、公国は再びロシア帝国に編入され、一八一五年、アレクサンドル一世を国王とするポーランド王国として再編された。王国にはナポレオン憲法以上に自由主義的な憲法が与えられ、ポーランド人は自前の軍隊をもつことも許されていた。ただし、第一次ポーランド反乱後の一八三二年、ロシアの直轄統治下に入り、議会、司法機関、ポーランド軍も廃止された（Ширинянц, Мырикова 2014. С. 20–21）。

（14） Исаков 1961. С. 39–57.

（15） 現代世界の分析タームとして「帝国」という言葉が使用されるようになったのは、山下範久によれば、早く見積もって一九九〇年代末のことだという（山下 二〇〇八、九頁）。

帝国・〈陰謀〉・ナショナリズム

第Ⅰ章　ロシア帝国とバルト・ドイツ人（一八世紀初頭—一九世紀初頭）

はじめに

ロシアとドイツ人の関係は、古くはキエフ・ルーシ（キエフ大公国、八八二—一二四〇年）時代にまで遡ることができるという。そして「タタールのくびき」（一三世紀半ば—一五世紀末）の後、その重要性は高まった。一六世紀のイヴァン四世の時代には、医師、薬剤師、神学者、法学者、建築家、石切、冶金の職人など、ドイツ系諸国から来た一〇〇人もの専門家がロシア政府に仕え、国家的業務に従事した。一五五〇年代末にはモスクワに最初のドイツ人集落もつくられた。リヴォニア戦争の結果ロシアの影響力が弱体化した後、ドイツ人集落は解散を命じられたが、ボリス・ゴドゥーノフ（一五五二?—一六〇五年。在位：一五九八—一六〇五年）の時代に、手工業者や製粉工のドイツ人集落地が再興された。その後ピョートル一世（一六七二—一七二五年。在位：一六八二—一七二五年）の時代に、外国人、特にドイツ人を重用する傾向が強まり、以後、国家行政、軍事、商工業、学問、文化の振興のためにドイツ人を活用する伝統が定着した。また、その間にドイツ人とロシア人の混血が進み、その中から数多くの近代化と帝国建設の担い手が生まれた。さらにエカチェリーナ二世（一七二九―九六年。在位：一七六二―九六年）の時代には、ドイツ人農民のロシアへの集団移住が始まり、ドイツ人集落が各地に形成された。この動きは、間断的ながら、一八七〇年代まで続いた[1]。

一二、一三世紀から一九世紀後半までのロシア帝国におけるドイツ系住民一般の歴史は、右のように要約することができる。その一部であるバルト・ドイツ人は、バルト海沿岸地方で支配階層を形成していた集団である。彼らは、現地の土着の民であるラトヴィア人とエストニア人、そして一八世紀以降に移住してきたロシア人に対して、社会的、経済的、文化的に圧倒的な優位に立つことになった。そして現地で強力な存在感を誇示したのみならず、ロシア政府は、バルト海沿岸地方のロシア帝国編入後も、（後に示すように、少なくとも一八六〇年代後半までは）バルト・ドイツ人に大幅な自治権を保証し、ドイツ風の制度、社会生活、文化の享受を妨げなかった。また、特権的地位を堅持するだけでなく、官界や軍隊に多くの有能な人材を輩出し、行政機構、軍隊、さらには文化にも影響を与えるなど、ロシア帝国全体から見ても、圧倒的な存在感を誇っていたといえよう。

本章では、一八世紀初頭のバルト海沿岸地方のロシア帝国への編入から、一九世紀初頭の同地方における農奴解放にいたるまでの歴史を概観し、同地方およびバルト・ドイツ人が問題視されるに至った背景を明らかにする。すなわち、一九世紀ロシアにおけるバルト・ドイツ人批判の前提となった状況を呈示する。

第一節　特権階層としてのバルト・ドイツ人

バルト海沿岸地方は、リフラント県、エストラント県、クールラント県から構成されていた。エストラントはリヴォニア戦争（一五五八―八三年）の後、スウェーデン領となった。リフラントはポーランド領であった時期を経て、一六六〇年にスウェーデン領となった。その後の一七二一年、北方戦争（一七〇〇―二一年）においてスウェーデンに勝利したロシアがこの二県を獲得した。そして一七八二年に、この二県からなる沿バルト海総督府（Прибалтийское генерал-губернаторство）が設置された。他方、クールラント県は、リヴォニア戦争後、ポーランドに属する公国であったが、一七九五年、第三次ポーランド分割の結果、ロシア領に含まれることになった。そして一九世紀に入ってから、クールラント県も沿バルト海総督府の管轄下に置かれた。

このように、一八七六年に同総督府が廃止されるまで、三県は一つの行政単位を構成していた。また、一八六〇年代半ばまでは、ドイツ語の "Ostsee Provinzen（オストゼイ諸県）" を踏襲して、「オストゼイ諸県（Остзейские губернии）」という呼称が用いられていた。しかし、一八六四年のゼムストヴォ制導入に伴い、沿バルト海諸県（Прибалтийские губернии）として再編された。ただし、これはあくまでも行政区分上の話である。その後も「オストゼイ問題（остзейский вопрос）」、「バルト・ドイツ人（остзейцы; остзейские немцы）」などは、主にバルト・ドイツ人を批判する局面で、長く使用され続けたことも言い添えておく。

バルト海沿岸地方において、ロシア編入前、そして編入後も封建的領主として君臨していたのがバルト・ドイツ人貴族である。彼らのルーツは、バルト海周辺であるエストラント、リフラント、クールラント各県、そしてエーゼル島（エストニア語では、サアレマ）に定着していた四つの騎士団である。これら騎士団で作られた独自な形態の議会や集会は、のちにバルト・ドイツ人社会独特の自治制度の基盤となった(2)。

まず、彼らがバルト海沿岸地方に定着し、支配階層を形成した過程を素描しておきたい。バルト海沿岸は、中世ヨーロッパにとって、いわば「北のフロンティア」というべき地域であった。ラテン・カトリック世界の拡大を推し進めたフランク王国のカール大帝（七四二―八一四年。在位：七六八―八一四年）は、現在のデンマークやバルト海沿岸一帯の異教徒とも戦った。それを皮切りとして、ヨーロッパではキリスト教を北方にも拡大しようとする動きが始まった。一〇世紀初頭までは異教徒の前にヨーロッパ側が劣勢に立たされることも多かった。しかし、初代神聖ローマ皇帝となったオットー一世（九一二―九七三年。在位：九三六―九七三年）が異教徒に対する反撃を開始するようになると、キリスト教の北方拡大が大きく前進した。こうして一〇世紀中ごろには、バルト海西岸に臨むデンマークがキリスト教国となった。そしてこのデンマークも、ドイツやポーランドとともに、バルト海沿岸の異教徒に対して干渉、侵略を行うようになったのである。[3]

このオットー一世が対峙した異教徒とは、デンマークおよびザクセンの東方、エルベ・ザーレ川とオーデル・ナイセ川のあいだに、北はバルト海からシュプレー川を経てマイセンにいたるまでの地域に居住していた、ヴェンデ人（バルト・スラヴ人）と呼ばれた人々である。オットー一世は、このヴェンデ人を破って服従させると、九三七年に彼らを支配下に置くべく、二人の辺境伯を任命した。さらにオットー一世はキリスト教化を進めるため、九四八年にブランデンブルクとハーフェルブルクに司教区を、九六八年にオルデンブルク、メルセブルク、ツァイツ、マイセン司教区を設置した。さらに同年、エルベ河畔にマルデブルク大司教座を設置した。これら布教活動の拠点を軸として、キリスト教化が推進された。しかし、一定の成果を上げたものの、改宗事業は困難を極めた。というのは、オットー一世の威光が及ばなくなると、ヴェンデ人はすぐさま反乱を起こしたからである。[4]

一二世紀に入ると、エルベ川フロンティアでの植民活動が活発化した。それにともなって、教会や修道院が建てられ、聖職者はヴェンデ人の改宗事業に携わるようになった。しかし、キリスト教徒が増加するにつれて、彼らと異教徒との軋轢も増大した。そのような状況において、実力に訴えて異教徒たちを改宗させ、彼らの住む土地自体をキリスト教化すべきであるという主張も出てくるようになった。その代表的な例が、マルデブルク司教区の司教たちと東ザクセンの君侯たちによる「マルデブルクの訴え」（一一〇八年）という文書である。彼らはヴェンデ人の支配する地域を「聖地エルサレム」になぞらえ、その「解放」を主張したのである。[5]

この訴えがただちにキリスト教徒たちの心を突き動かしたわけではない。しかし、当時の第二回東方十字軍（一一四七―四九年）を契機として、状況は変化していくことになる。十字軍を後押しした有力なイデオローグであったシトー派クレルヴォー修道院院長ベルナール（一〇九〇―一一五三年）が、好戦論を唱え、異教徒との戦いを煽ったのである。彼にとって、主のために戦って死ぬことは神の祝福に値した。また、その戦いにおいて異教徒を殺すことについて、彼は疑問をもたなかった。[6] エルサレム解放も主張したが、それはエルサレムへの拘泥を意味するものではなかった。彼にとって重要なのは、この世のどこであれ、異教徒の支配を排除し、彼らをキリスト教徒に改宗させるか根絶するかによって、「人類の救済」をもたらすことであった。つまり、キリスト教化の対象がイスラム教徒に限定される理由はなかったということである。ベルナールは、ヴェンデ人の居住地に隣接し、繰り返し彼らと戦ってきたザクセン君侯たちの訴えを受け入れ、ヴェンデ人討伐に向かう兵士たちに「罪の赦免」を与え、「神の戦士」になぞらえたのである。こうしてベルナールは、北の異教徒討伐軍をも十字軍と位置付けた。[7] そしてこのベルナールの意を受けた教皇エウゲニウス三世（？―一一五三年。在位：一一四五―一一五三年）は、一一四七年四月、教勅を発布し、ヴェンデ人の十字軍を認可したのである。[8]

このヴェンデ十字軍は、ヴェンデ人の頑強な抵抗もあり、ベルナールの理想を実現するまでには至らなかった。しかし、十字軍がヴェンデ人に対して優勢であることは、誰の目にも明らかだった。この試みは、北方の異教世界を実力でキリスト教化するための突破口となった。[9]

「北の十字軍」の試みは、目的を完全に達成することなく終わったが、バルト海沿岸の異教徒をキリスト教化する試みは、その後も続けられた。その過程で重要な出来事は、一二世紀半ば以降になって、ドイツ人がバルト海沿岸地方への進出を開始したことである。その頃からドイツ北部のリューベックの商人が、ロシアの毛皮を求めて、バルト海にあるゴットランド島を拠点に商業活動を行うようになっていた。一二世紀末になると、ドイツ人は、ノヴゴロド、キエフ・ルーシとの貿易を求めて東進し、バルト海東南岸にまで活動範囲を広げた。その過程でドイツのカトリック宣教師も現地入りし、彼らはその布教活動の拠点をリヴォニア（バルト海東岸地方の歴史的名称。現在のエストニア南部とラトヴィアにあたる）に定め、要塞や教会を建立しはじめた。こうしてドイツ人定着の歩が進められたのである。

一二〇一年には、リフラント司教アルベルト（一一六五―一二二九年）がキリスト教化の拠点づくりに着手した。こうして建設された都市がリガである。同市はドイツ人によるキリスト教化と植民事業の中心拠点であっただけでなく、商業の中心都市でもあった。また一一七七年、フィンランドやエストニアに向けてのキリスト教布教を目的とする「北方十字軍」がドイツで再結成された。アルベルトは、彼らを呼び寄せて、帯剣騎士団を結成した。これは事実上、リガ司教の常備軍であった。アルベルトは、これを活用して、リヴォニアに続き、エストニア人居住地の征服とキリスト教化を進めた。その後、帯剣騎士団はローマ教皇の認可を受けたので、この征服活動も神の名の下に「正当化」された。当然、現地住民は激しく抵抗したが、現在のラトヴィアとエストニアにあたる地域の大半が帯剣騎士団領、またはリガ司教領になった。このように、ドイツ人の商人、宣教師、騎士が「三位一体」となって、バルト海沿岸の征服とキリスト教化を進めたのである。[10]

その後、帯剣騎士団は一二三六年、現地住民（リトアニア人、ジェマイト人（жемайтийцы）、ゼムガリ人（земгалы））の襲撃で壊滅する。そのため、同騎士団の領地はプロイセンで活動していたドイツ騎士団に引き継がれた。やがてその地は、クールラントなどと併せて、リヴォニア騎士団領と呼ばれるようになり、同騎士団は引き続き、ドイツ人のバルト海沿岸への入植を進めた。このドイツ人こそ、のちにバルト・ドイツ人と呼ばれる人々であった。彼らは領主貴族として先住農民を支配するようになった。またバルト海沿岸の都市部に移住してきた手工業者や商人は、ドイツの典型的な形態の政治体（市会（магистрат））と経営体（ツンフト、ギルド）を導入し、各都市の行政と経済も牛耳るようになった[11]。ただしリヴォニアでは、騎士団、司教、諸都市が権力を分け合い、強力な支配的権力は確立されず、内部分裂が続いていた。このことは、リヴォニアがバルト海に臨む交易の重要拠点であったこととも相まって、東のロシア、西のリトアニア゠ポーランドなどの領土的野望をかきたてる要因となり、後のリヴォニア戦争（一五五八―八三年）につながっていった[12]。

ドイツ人貴族は領地の開墾を進め、耕作地を不断に拡大していった。ラトヴィア人およびエストニア人の農民は、自分たちの土地を奪われ、周辺部または森林に追いやられていったのである。こうして後にバルト海沿岸で支配的な農業経営形態となる独立農制（хуторская система）の基盤が確立された。さらに一四九四年、農奴制が確立され、農民は隷属的な立場に置かれることとなり、一六世紀頃には、バルト海沿岸におけるドイツ人の現地住民支配が確立された。当時、バルト海沿岸においては、「ドイツ人」は自由民を指す言葉でもあった。反対に「非ドイツ人」は、非自由民の呼称であった[13]。

バルト海沿岸における地位を固める一方で、バルト・ドイツ人貴族たちは互いに国家連合（Staatenbund）を形成し、形式的に神聖ローマ帝国に属し、ヨーロッパとの一定のつながりを維持していた。そのため、一五一〇―

二〇年代にドイツで宗教改革が行われると、バルト・ドイツ人の多くがルター派に移行した。一部の封建領主、カトリック司教、リヴォニア騎士団員などを除き、多くの都市で、プロテスタントが多数派となった。またそれは後に、スウェーデンとの結びつき強める要因となった。[14]

一五五八年一月、イヴァン四世（一五三〇―八四年。在位：一五四七―七四、一五七六―八四年）治世下のロシアによるリヴォニアへの侵攻を端緒として、リヴォニア戦争が始まった。この侵攻の口実となったのは、ドルパト司教区の貢納支払の不履行とリヴォニアにおけるロシア正教会への迫害である。当初はロシア有利で進んだものの、周辺諸国が権益確保のために介入し、状況が変わった。結果として、リヴォニアはリトアニア、デンマーク、スウェーデン、ロシアによって分割され、その後、スウェーデン、デンマークはロシアと休戦条約を結んだ。他方で、ロシアとリトアニアのあいだの戦争は続いた。ところが一五六九年七月、リトアニアは同君連合の関係にあったポーランド王国との合同（ルブリンの合同）に同意した。その結果、リトアニアはポーランド共和国（レーチ・ポスポリータ）の一部となった。ポーランド人封建領主貴族は、レーチ・ポスポリータの東方政策の最終的目標として、ロシア全土のポーランド・リトアニア国家への併合を掲げていた。その意味で、バルト海権益の確保は、その目標に適っていたのである。[15]こうしてリヴォニア戦争はロシアとポーランド共和国との全面対決という様相をおびた。そしてロシアは危機的な状況に追い込まれていった。

リヴォニア戦争は一五八二年のロシアとポーランドの講和、その翌年のロシアとスウェーデンの講和によって終結した。この戦争によって、リヴォニアにおけるポーランドの優位が確立された。[16]この過程でロシアは荒廃し、国家解体の途を辿っていった。そして一七世紀初頭には、いわゆる「動乱（スムータ）[17]」の時代を迎え、政治的構成体としてのロシアは、ほとんど存亡の危機に瀕することになる。[18]

しかし、その後のポーランド・スウェーデン戦争（一六〇〇―二九年）の結果、リヴォニアは再分割された。その結果、同地域の支配国となったのは、リガなどの重要都市をおさえたスウェーデンであった[19]。このように、一六―一七世紀において、かつてリヴォニア騎士団領と呼ばれた地域は、ポーランド、スウェーデンの支配下にあった。その後ロシアに編入されたが、この過程で重要なのは、宗主国の変遷にかかわらず、バルト・ドイツ人は、各々が属する各都市や各階層（地主貴族、騎士、聖職者）が享受していた様々な特権、現地での優位性を手放さなかったことである。歴代の宗主国は、いずれもリヴォニアの統治に関してバルト・ドイツ人の協力を必要とした。そのため、彼らの特権維持を積極的に認めたのである。具体的には、バルト・ドイツ人はドイツ風の独自の議会（Landtag）を組織し、政治的に同地方の主導権を握っていた。エストニア人、ラトヴィア人に対する彼らの圧倒的な政治的・経済的支配の構造は、ほとんど揺らぐことなく、定着していた[20]。

一八世紀になってロシアが引き継ぐことになるこの地方の体制は、一六四〇年代に形成されたといわれている。ポーランド・スウェーデン戦争によって、リガを中心とする南リヴォニアがスウェーデン領になった時期に、バルト・ドイツ人が確立した行政機構がスウェーデン王に承認された。バルト・ドイツ人貴族の身分に基づく諸特権が確立されたのは、この時であった[21]。

そして一七〇〇年に始まった北方戦争において、ロシア軍は一七〇四年に東エストラント（タルトゥ、ナルヴァなど）を、一七一〇年にタリンとエストラント騎士団を降伏させた。この状況に至ってバルト海沿岸各地の貴族たちは、ロシア帝国臣民になるべく、ロビー活動を開始している。例えば、リガの貴族たちは一七一〇年末、ロシア軍を率いていた総元帥シェレメチェフ伯爵に代理人を送った。この代理人は、自分たちの特権の維持を条件として、ロシア皇帝の臣民となる主旨の宣誓書を渡すとともに、貴族と都市の諸階層が維持を乞うた権利と特権の詳細な情報を呈示した。さらにリフラントに包括的な地方法典が編纂されるまでは、すべての裁判は、リフラントの特権、過去に定着した慣行、リフラント貴族の権利に則って行うこと、それがない場合でも、共通のドイツ法に従って判断、決定するという原則の承認を求めた。もっとも、バルト・ドイツ人の特権階層とスウェーデンを分断するため、ロシア側が積極的にバルト・ドイツ人を抱き込もうとした側面もある。例えばピョートル一世は、一七〇二年の段階ですでに、ルター派教会のバルト海沿岸地方における地位と権利の保全を明言していた。(22)

結果的に、ピョートル一世は一七一〇年九月三〇日、特権許可状に沿って、リフラントの貴族、そしてリガ市の権利と特権を承認した。そしてロシアに忠誠を誓うエストラント人と貴族に特権許可状を与え（一七一二年三月一日）、さらに都市の諸階層にも与えた（一七一二年三月二七日）。ピョートル一世はその年、「この権利と特権の将来にわたる維持に関しては最高権力の検討次第である」という注意事項つきであったものの、リフラント、エストラント両県の県会と都市の諸階層に権利と特権をすべて承認したのである。(23)

そして一七二一年、北方戦争での勝利を決定的なものにし、同年ニスタット講和条約によって、既に軍事的に併合した地域および残りのバルト海沿岸地域全般がロシアに帰属することになった。バルト海沿岸地域の新たな支配者となったピョートル一世とロシアにとって、バルト・ドイツ人はきわめて有用な存在であった。というのは、西欧と深いかかわりを保っていた彼らがもっていた先進的な経済力、行政、軍事に関する知識と経験、高度な学術水準などは、いずれも当時のロシアが欠いていたものだったからである。また、それらは近代化にも不可欠なものだった。それらを活用するため、ピョートル一世は、バルト・ドイツ人との関係を良好に保つことが肝要であると考えたのである。こうして確立されたのが、「現状維持」と「バルト・ドイツ人貴族との協調」というバルト海沿岸地方における統治原則であった。

この原則の原点は、一七二一年にロシアとスウェーデンとのあいだで締結されたニスタット講和条約の第九条および第一〇条にさかのぼる。第九条には、リフラント、エストラント両県およびエーゼル島の全住民、すなわち貴族および非貴族、都市住民、市会、ギルドあるいはツンフトがスウェーデン時代に享受していた特権、慣習、権利、正義は、ロシアへの編入後も、恒久的に保護されると明記されている[24]。また第一〇条には、良心の自由の保障が明記されている[25]。さらに付言すれば、エリザヴェータ帝（一七〇九―六二年。在位：一七四一―六一年）の時代にスウェーデンとのあいだで締結されたオーボの和約[26]（一七四三年）の第九条においても、ニスタット講和条約第九条とほぼ同じ内容の条文が繰り返されている[27]。

かくしてピョートル一世以降、ロシア帝国は、バルト・ドイツ人の地主貴族、聖職者、商人などの各階層が享受してきた特権、自治機能のみならず、信仰の自由、当地の教会（ルター派教会）の活動、古くから伝わる法律と裁判制度、文書処理および裁判事務におけるドイツ語の使用も保障した[28]。バルト・ドイツ人に閉鎖的なギルドやツンフトを作らせる、地方議会を独占させる、貴族の領地が増えるように便宜を図るなど、積極的に彼らに協力する方針を打ち出したのである[29]。

また、バルト・ドイツ人がエストニア人とラトヴィア人を支配するという数世紀にわたって続いてきた構造は、バルト海沿岸地方がロシア領になった後も、まったく変わらなかった。先述の統治原則が示すように、ロシア政府がまともに現地社会に干渉することはほとんどできなかったし、その意志もないに等しかったことが、原因の一つである。また、ロシアが農奴制をとっていたことも、ことの背景として重要である。ニスタット講和条約において、バルト・ドイツ人のことは考慮されていても、ラトヴィア人やエストニア人のことが一切触れられてい

ないのは、バルト・ドイツ人社会も、ロシアと同じく、農奴制社会だったからでもある。(30)

このように一八世紀前半のロシアは、バルト・ドイツ人の特権と自治を承認することで彼らの協力を得て、急速な西欧化を進めた。そしてバルト海沿岸地方は、ロシアとドイツ西部を結ぶ架け橋として、近代化のモデルとして、ロシア帝国においても特別な存在感を有するに至ったのである。(31) このロシアとバルト・ドイツ人の現状維持・協調路線は、双方にとってきわめて好都合な結果をもたらしたといえよう。

そのこととともに、このバルト・ドイツ人の存在感は、他のドイツ系住民のそれとはまったくの別物であったことも指摘しておく必要があろう。ロシア国内でドイツ人が見られるようになるのは一五世紀末以降のことである。しかし、当初は彼らがロシアに定着するケースは少なく、人数も少なかった。(32) ドイツ人が増加し、なおかつロシア社会に定着し、各方面で重用されるようになったのは一八世紀以降のことである。(33) バルト・ドイツ人以外のドイツ人の多くは、一七六〇年代以降に入植してきたヴォルガ・ドイツ人をはじめとする入植者であり、農業や手工業に従事していた。(34) これに対してバルト・ドイツ人は、軍や政官界など、国家の中枢で活躍するエリートが多かった。例えば、一七六二年の時点で軍の高級将校四〇二人の四〇パーセントが非ロシア人であったが、その四分の三がバルト・ドイツ人であったという。(35)

また、バルト・ドイツ人とその他のドイツ系住民のあいだに同胞意識のようなものはなく、両者はまったく別個のアイデンティティを有していた。それは次のようなエピソードでも明らかである。一八世紀のロシアでは高等教育機関が未発達だったため、ロシアのドイツ人が子女をドイツの大学に入れることは珍しくなかった。その際、バルト・ドイツ人以外のロシア出身のドイツ人学生は、ドイツでは基本的にロシア人として扱われた。また、学生自身もロシアに自己同一化している者が大半であった。(36) しかし、ロシア出身のドイツ人学生の大半を占めていたバルト海沿岸地方出身者は、バルト・ドイツ人以外のドイツ人学生とは対照的に、あくまでもドイツ人であることにこだわりを示したという。また、ドイツの大学も、彼らをドイツ人として遇したという[37]。

このように、ピョートル一世の治世において、ロシア近代化のモデル、主導役としてバルト・ドイツ人を重用しながら、彼らを特権身分として厚遇する、ロシア帝国とバルト・ドイツ人の現状維持・協調路線が確立された。そしてピョートル一世以降の皇帝も、基本的には同様の路線を踏襲した。そのため、バルト・ドイツ人は、ロシアの各方面に有形無形の影響力を及ぼすことができたのである。

第二節　エカチェリーナ二世による改革の試み

前節で論じたように、バルト・ドイツ人の特権と自治を保護し、彼らとの協調を図る路線は、ロシア帝国の近代化という課題にとっても有意義な選択であった。そして啓蒙絶対君主としてさらなる近代化を目指したエカチェリーナ二世（一七二九―九六年。在位：一七六二―九六年）の治世においても、バルト・ドイツ人の重要性は依然として、変わるところがなかった。女帝は、ロシアを「法の支配」に基づく君主制国家として確立するため、帝国統治の体系化、集権化、統一化を志向し、その具体的な課題として身分制の確立や地方行政改革に取り組んだ。その際にモデルとされたのが、バルト・ドイツ人の統治手法であった[38]。そのため、実際に改革の助言者としてバルト・ドイツ人を重用した。女帝の側近には、バルト・ドイツ人を出自とする者も珍しくなかった。

しかし、エカチェリーナ二世の治世下において、バルト・ドイツ人は最初の危機を迎えることになる。帝位に就いた直後こそ、女帝は従来の路線の継承を明言していたが、一七六三年には早くもバルト・ドイツ人の特権を問題視し始めている。そのきっかけは、特権を有する騎士団員の名簿[39]（матрикул）を調査したことである。当時、この名簿に登録されている者にしか、自治に参加する資格が与えられなかった。それゆえにバルト・ドイツ人にとってこの名簿は、生死を左右しかねないほど、重要な意味をもっていたのである[40]。ところが、特権を有するバルト・ドイツ人とは関係のない、バルト海沿岸地方の編入後に移住してきたドイツ人まで名簿に含まれていることが判明した[41]。この一件は、特権のような「例外的案件」の根拠となる名簿の管理にさえ国家の統制がほとんど行き届いていないという現実を如実に示すものであった。こうした事態の発覚を受けて、エカチェリーナ二世は、事実上バルト・ドイツ人の恣意に委ねられているに等しい特権の現状に、国益に対する脅威を感じ取るようになったのである。

その翌年の一七六四年、エカチェリーナ二世はリフラントとエストラントを訪問した。この訪問は、新皇帝の現地への「顔見せ」という性格が濃いものであった。それゆえに滞在中には、現地視察やバルト・ドイツ人の特権階層の面々との対話が行われた。その道すがら、女帝は「正教ロシアの女帝」というイメージを意識的に強調したと伝えられている。女帝は生粋のドイツ人であったが、公の場ではすべてロシア語で通し、ドイツ語で話しかけられてもロシア語で返答するという徹底ぶりであった。またレーヴェリとリガでは、現地の正教会も訪問している[42]。さらに、バルト海沿岸地方とロシアとの乖離、この地方における農民問題、あるいはバルト・ドイツ人領主と現地住民との乖離の深刻さも痛感した。こうして、エカチェリーナ二世は、バルト・ドイツ人の特権を撤廃し、この地方をロシア帝国に統合することの必要性を確信したのである[43]。

ところで、このエカチェリーナ二世の問題意識は、個人的なものにとどまるものではなかった。バルト海沿岸地方の現況には、例えば、実際にリフラントとエストラントを旅行したことがある歴史家ニコライ・カラムジン

（一七六六―一八二六年）も注目していた。彼はリガから書き送ったある書簡（一七八九年五月二一日付。宛先不明）において、ラトヴィア人およびエストニア人の農民たちが味わっている過酷な生活状況、現地に浸透したドイツの影響などを指摘している。

私が話した人々〔ラトヴィア人およびエストニア人の農民〕は、自分たちの怠惰を責め、自分からは何もしない無精者だと言っていた。過労のため、彼らはそう思い込まされているのである。リフラントあるいはエストラントの百姓は、カザンやシンビルスクの農民の四倍は働く。この哀れな人々は、いつも恐れ慄いている。その代わり祝日になると、彼らの暦ではごく僅かしかないのだが、何もかも忘れて、大喜びしているのである。(44)

至るところで耳にしたのはドイツ語である。ロシア語はたまに聞こえてくる程度だ。貨幣はルーブルではなく、ターレル〔昔のドイツ貨幣〕が使われていた。……私はロシア国内にいたはずなのに、ずいぶんと前から異郷にいるかのようであった。(45)

もっともこのカラムジンの書簡は、まだ印象記の域を出ておらず、十分な社会批判にはなりえていない。やはり、一八世紀後半という時期におけるバルト海沿岸地方に対する改革的な動きを代表したのは、エカチェリーナ二世であったといわねばならない。
エカチェリーナ二世が着手した改革の成果が具体的に現われ始めたのは、一七八〇年代のことである。一七八三年、リフラントおよびエストラントにおけるギルドやツンフトの解体、議会改革のほか、政府主導による行政機構の刷新が行われた[46]。財産や身分にもとづく諸団体が部分的に廃止されたほか、人頭税も導入された。またバルト・ドイツ人貴族が享受してきたバルト海沿岸地方における財政自主権も廃止された。さらには、一七八五年に公布された「貴族と都市への恵与状」では、同地方の社会制度をロシア帝国の他地域と同様なものにすること、貴族組合や土地所有における独占状態を撤廃することなどが謳われたのである[47]。

ただし、エカチェリーナ二世による改革の時点では、一九世紀以降にさかん議論されることになる公用語、教育、信仰に関する諸問題は、ほとんど取り上げられなかった。また農民問題についても、十分な成果を残すことができなかった。エカチェリーナ二世による改革で成果が見られたのは、主に地方行政、司法制度、議会制度、収税制度などの分野であった。

不完全であったとはいえ、エカチェリーナ二世の着手した改革は、バルト海沿岸地方をロシアに統合する試みの第一歩となるはずであった。しかし、一七九六年の女帝の死と後任のパーヴェル一世（一七五四―一八〇一年。在位：一七九六―一八〇一年）の即位によって、すべては水泡に帰すことになる。

パーヴェルは、先帝による決定や政策をことごとく覆したことで知られている。また、様々な奇行とともに語られることの多い、歴代のロシア皇帝のなかでも、とりわけ悪名高い皇帝でもある。その一方で、歴代のロシア皇帝のなかでも、特に熱心にドイツ系住民に関心を注いだ皇帝であった。一六五二年から一九一七年までのロシアのドイツ人に関する政府文書集を編纂したヴィクトル・ジーゼンドルフは、「パーヴェルほどドイツ人入植者の生活状態に気を配り、支援を惜しまなかった皇帝はいなかった。仮に彼が入植者支援に着手せず、その後継者も放置したままだったとしたら、エカチェリーナ二世が着手した入植事業がいかなる帰結を迎えることになっていたのか、定かではない[48]」と述べて、パーヴェルの功績を高く評価している。

パーヴェルのドイツ人入植者に対する親和的な態度は、彼らよりも早くからロシア帝国の臣民であったバルト・ドイツ人に対しても同様であった。彼は、バルト海沿岸地方をエカチェリーナ二世による改革以前の状態に戻すため、バルト・ドイツ人貴族や彼らの諸都市に、自分の母親が剝奪した権利と特権のすべてを回復してやったのである[49]。パーヴェルが取り消さなかった先帝の改革の遺産は、人頭税だけであった。これだけは廃止されず、農民たちに大きな負担としてのしかかることとなった。その結果、一九世紀初頭に農民問題が深刻化する一因となり、農民一揆へとつながっていったのである[50]。

その他、パーヴェルは、バルト海沿岸地方の学術研究の中心となるデルプト大学（現タルトゥ大学）の再建に一役買った皇帝でもあった。この大学はもともと、一六三二年、当時のスウェーデン国王グスタフ二世アドルフ（一五九四―一六三二年。在位：一六一一―三二年）によって創設されたものである。しかし一七一〇年、北方戦争のさなかに閉鎖を余儀なくされた。戦後にロシア帝国臣民となったバルト・ドイツ人は、ロシア政府に同大学の再建を要請した。これを最終的に承認したのがパーヴェルだったのである。

バルト・ドイツ人の要請で復活したこの大学は、当初から「プロテスタント大学」として構想されていた。つまり、ルター派教徒が多数派を占めるバルト・ドイツ人のための大学という性格が強かった。現にパーヴェルが一七九九年に承認した計画書（План протестантского университета в Дерпте, утвержденный Павлом I）の第一部（「大学設立の目標について」）の第一項には、「大学は全ロシア帝国のために、特にリフラント、エストラント、クールラント各騎士団のために設立される[51]」と明記されている。そして一八〇一年、デルプト大学は再建された。

こうしてパーヴェルが復活させたロシア帝国とバルト・ドイツ人の現状維持・協調路線は、後継者のアレクサンドル一世、さらには第二章で詳しく論じるニコライ一世にも継承されていくことになる。その結果、一九世紀以降もバルト・ドイツ人は、特権と自治を享受し続けることになった。このような方針こそ、後述するように、彼らの特権と共存することこそ、帝国秩序を維持するという目的に最も適っていたためである。その一方で、ロシア政府は、ロシア語公用語化などの改革を検討し、現地の多数派住民であるラトヴィア人とエストニア人を正教徒化する試みも行っていた。しかし、基本的にはバルト・ドイツ人貴族に配慮する姿勢を(少なくとも一八六〇年代末までは)崩さなかった。また、一九世紀半ば以降まで、バルト海沿岸地方の問題がロシアの公的な場で論じられることもなかった。

第三節　一九世紀初頭の情勢(農奴解放とその影響)

今日の研究では、バルト海沿岸の農奴解放は一八一〇年代と一八四〇—六〇年代の二段階に分けられることが多い[52]。しかし、ここで問題とするのは、主に第一段階のほうである。前述の通り、一六世紀頃、バルト海沿岸地方に農奴制が確立された。しかし、一九世紀初頭には農奴解放の動きが出てきた。そして一八一六年にエストラントで、その翌年にはクールラントで、一八一九年にはリフラントで農奴制が廃止された。ロシア帝国の他地域に先駆けて行われたこの農奴解放の特徴は、後述するように、「土地なし解放」だったことである。そしてその結果、農地から放り出された農民が大量発生したことで、ロシアにおける農奴解放(一八六一年)をめぐる議論の方向性にも影響を与えたのである。

農奴制廃止の背景としては、前出のカラムジンの書簡にも描かれていたように、ことにエストラントとリフラントにおける農奴制が農奴にとっては苛酷を極めていたことが挙げられる。一七二一年にロシア領になって以来、農奴制はほぼ無制限に放置され、北方戦争によって貧窮化した領主の中には、農奴をその能力の限界まで搾取する者もいたと伝えられている。

しかし、他方では、農民を土地に緊縛しつつ、彼らの法的立場を明確にしようとする試みも見られた。また、エカチェリーナ二世の時代には、当時の啓蒙主義的な思潮を背景として、農民の生活状態の改善を求める声が、政府内からも上がってくるようになった。また一七八〇年代になると、リフラントとエストラントで農民一揆が起こるなど、バルト・ドイツ人地主に対する反感も、抑えがたいものになりつつあった[53]。

また、大陸封鎖（一八〇六年）から祖国戦争（一八一二年）にいたる一九世紀初頭の国際関係も、バルト海沿岸地方における農奴解放の背景として重要である。ナポレオンの大陸封鎖は、バルト海沿岸地方に経済的危機をもたらした。穀物取引に関する最大の取引先であったイギリスとの交易が途絶えたため、穀物取引で生計を立てていたバルト・ドイツ人貴族は、壊滅的なダメージを被ったのである。また、一八〇七―〇八年にかけて、飢饉が発生した。さらにナポレオンとの戦争のためにバルト・ドイツ人貴族たちが負担した戦費も無視しえないものであった[54]。

状況が悪化するなか、具体的な改善策が最初に見られたのはエストラントであった。一七九五年、農民の保護規定がつくられ、農民の支払い義務を台帳に明示する、動産への権利を農民に与える、領主の懲罰権および農民の売却を制限する等の規定が明記された。そして一八〇二年、一七九五年の保護規定に農民の土地相続的用益権を加えた農民法がバルト海沿岸地方では初めて、貴族議会で可決された。一八〇四年には、農民法を補足する法律が発布され、賦役の量を確定する原則、裁判所組織、訴訟規則、警察規則が定められた。そしてエストラントのバルト・ドイツ人貴族のあいだでは、農奴制廃止も検討されるようになったが、「保護」か「自由契約」かで、意見は分かれた。結局、一八一一年、土地なしの農奴解放を政府に申し出ているが[55]、これが意味しているのは、領主と農民の関係は、自由契約の原則によって規定されるということである。途中、祖国戦争による中断もあったが、一八一六年五月、エストラントの農奴解放の法律は、皇帝の裁可を受け、一八一七年一月に公布された。

リフラントでも、バルト・ドイツ人貴族によって農奴解放が進められた。一八世紀末ごろから農民の保護に関する決議が行われるようになったが、それと同時期にガルリープ・メルケル（一七六九―一八五〇年）の『ラトヴィア人』（一七九七年）が大きな反響を呼んでいた。この書物は、啓蒙主義の影響を受けたバルト・ドイツ人貴族によるバルト・ドイツ人社会に対する批判の書であり、リフラント農奴制の弊害を批判したものである（これについては、第二章で詳述する）。

こうして一九世紀に入ると、農民の保護規定、権利の拡大に関する法律が作られる一方で、農奴解放に向けた動きも加速化した。リフラントでも「保護」か「自由契約」かの議論が起こり、エストラントでも採用された自由契約の原則にもとづく「土地なし解放」が最終的に支持された。そして一八一九年、皇帝の裁可を経て、農奴解放令が成立した。

クールラントにおける農奴解放令は、一八一七年八月に皇帝の裁可を受け、翌年八月に公布された。ここでも採用されたのは、土地なし農奴解放であった。しかし、エストラントとリフラントのケースとは異なり、クールラントでは、「農民保護」の段階を経ずに「土地なし解放」が行われた[56]。

これら三県の農奴解放令は、本質的に同じ特徴を有していた。農民利用地を含め、すべての土地に対する領主の所有権の絶対性は不変であったこと、一四年の移行期間を経て農民は自由を獲得するとされたことは、いずれの県にも共通する特徴である。また、労働地代（賦役）制は存続し、農民共同体に対する貴族領主の警察権が維持されたことも共通する。農民は人格的な自由を手に入れたが、ドイツ人地主の所有する土地で地代を払いながら働く小作人（арендатор）となったのである。そして地主は農民に分与していた土地を自分の土地に戻し、農民を日雇い農夫（батрак）に変えようとした。[57] そのため、農民の弱い立場は基本的に変わらなかったのである。さらに、ロシアと比べると肥沃とは言えないバルト海沿岸地方は、一八四〇―四一年、一八四三―四四年にかけて猛烈な不作に見舞われたため、農民の生活はさらに過酷なものとなった。[58] 一八四〇年代以降、農民が一斉に正教改宗を求めた、あるいは耐えがたい日常を捨て、ロシア各地に逃亡した者もいたという事実は、そのことを裏付けている。[59]

バルト海沿岸地方における農奴解放の第二段階とは、解放された元農奴が土地を持つことを許された段階のことである。リフラントでは一八四九年、エストラントでは一八五六年、クールラントでは一八六三年、解放前に割り当てられていた土地を農民に売却または貸与することが法律によって義務づけられた。この段階に至ってようやく、賦役から金銭地代への転換、農民自身による土地購入という、バルト海沿岸地方の農業構造そのものを転換しようとする改革が始まったのである。[60]

これらの農業改革の結果として、バルト海沿岸地方の土地は、三つに区分されたとされている。すなわち、農民の所有地（Gehorsland）、地主の所有する屋敷付き荘園（Hofesland）、全体の六分の一に上る、農民が地主のために耕作することを義務づけられた割当地（Steuerpflichtiges Hofesland）である。ここで重要なのは、一八四〇年代末からの改革以降、バルト・ドイツ人地主はこの二番目と三番目において無制限な権利を保持し続けることで、バルト海沿岸地方の土地の監督と経済的支配を維持し続けたことである。特に三番目の土地に農夫（батрак）や召使（дворовый）を住まわせ、主にこの土地からの収入によって労働力を確保し、様々な新制度の導入に対応した[61]。

元々、農業改革の目的は漸進的に土地を所有する農民を作り出すこととされていた。しかし、農民に供与された貸付の条件のせいで、農民の地主に対する債務は増加し、土地償却から所有までには長い時間を要した[62]。また、リフラント県で土地の農民への売却・貸与が義務化された一八四九年の法律第三二八条では、小作人が一〇種類のカテゴリーに分類されていた。ここからうかがえるのは、すべての小作人が土地所有者になれるような状況からは程遠かったことである。なお、土地を所有できた者の多くは、日雇い農夫の労働を利用できる小作人に限られていたといわれている[63]。

加えて一八六六年の郷改革によって、郷内の社会・経済活動を地主が直接監督する制度が廃止された[64]。この改革の時点では、地主貴族の裁判所に対する影響力については、ほとんど手つかずのままで終わった。これが是正されたのは、バルト・ドイツ人貴族の農民に対する法律・警察による支配が終わりを迎えた一八八〇年代末のことであった。

しかし、これとて、バルト・ドイツ人貴族の優位が完全に失われたことを意味しているわけではない。少なくとも一九一四年までは、ロシア政府による様々な試みにもかかわらず、バルト海沿岸地方では、現地法の帝国法に対する優位が続いていたと言われている[65]。また、バルト・ドイツ人が有していた狩猟、漁獲、ワインやビールの醸造、工場設置、市場の開設、道路改修、県議会での権限に関する諸特権に関しても、帝政崩壊直前の一九一六年まで手がつけられることはなかったのである。

小　括

以上、本章では、一三世紀にバルト海沿岸地方で支配階層を形成して以来、バルト・ドイツ人貴族が、一八世紀初頭にロシア領になった後も、現地の支配階層であり続けたことを明らかにした。また、帝政末期にいたるまで、その状態は基本的に変わらなかったことも明らかにした。さらに、ロシア政府は一時、改革の動きを見せたが、「現状維持」と「協調」を基本路線として、バルト・ドイツ人の特権と自治を事実上、保障してきたことも指摘した。そして、一九世紀初頭にロシアに先駆けて、沿バルト海諸県では農奴制が廃止されたが、耕すべき土地や住居を失う農民が出るなど、様々な混乱と問題が生じたことも示した。

このバルト海沿岸地方の混乱を実際に目の当たりにし、その改善を求めて一八四八年、そして一八六八年に本格的な問題提起を行ったのが、サマーリンである。彼の問題提起は、現状維持と協調を望むロシア政府、バルト・ドイツ人には忌み嫌われた。結局、存命中に彼の活動が報われることはなかった。しかし、彼の著作は、バルト・ドイツ人問題をバルト海沿岸地方における農民問題、身分階層の問題からロシア帝国の民族問題に転換させる起爆剤となったのである。次章以降、このサマーリンらの活動を中心として、オストゼイ問題を検討していく。

（1）　См.: Герман, Плеве 2002. С. 5–8.
（2）　См.: Бахтурина 2004. С. 79.
（3）　山内　一九九七、四一—四四頁参照。

（4）同右、四五―四七頁参照。
（5）同右、五四―五五頁参照。
（6）同右、七五頁。
（7）同右、七九―八〇頁。
（8）同右、八二頁。
（9）同右、九〇頁。
（10）志摩 二〇〇四、二七―三三頁参照。
（11）См.: Воробьева 2009. С. 24.
（12）田中・倉持・和田 一九九五⑴、二三六頁参照。
（13）См.: Воробьева 2009. С. 24.
（14）См.: Там же.
（15）См.: Флоря 1973. С.13.
（16）См.: Там же.
（17）一五九八年のフョードル帝の死によるリューリク朝断絶から一六一三年のロマノフ朝成立までのあいだの、国家秩序が崩壊していた時期を指す。リューリク朝の断絶後、ツァーリに選出されたボリス・ゴドゥーノフの統治時代（一五九八―一六〇五年）、大飢饉、農民・下層民の反乱や蜂起、コサックの登場、ツァーリに即位した偽ドミトリーをはじめとする僭称者の続出、外国軍の干渉、ポーランド軍によるモスクワ占領など、混沌とした状態が続いた。一六一三年二月、ミハイル・ロマノフが国民会議でツァーリとして選任され、ロマノフ朝が成立したことで、徐々に秩序が回復した。栗生沢 一九九七参照。
（18）Lieven 2001. p. 263（リーベン 二〇〇二㊦、一一四頁）.
（19）См.: Воробьева 2009. С. 25.

(20) 今村 一九九五、一九五―一九六頁参照。

(21) См.: Ширинянц 2008. С. 206.

(22) Шкаровский, Черепенина 2004. С. 13.

(23) См.: Ширинянц 2008. С. 207.

(24) ПСЗ. Соб. 1-е. Т. 6. № 3819.

(25) Там же.

(26) カレリア公国の首都オーボ（トゥルク）で結ばれた、一七四一―四三年にかけてのロシア・スウェーデン戦争の講和条約。戦争自体はロシアが大勝したものの、ロシア国内の政治的混乱に乗じ、スウェーデンはデンマーク、フランス、プロイセンの協力を得て、ニスタット講和条約の修正を試み、条約締結に向けた交渉は難航した。ロシアはサヴォンリンナ、ラッペンランタ、ハミナを含むカレリア南部を獲得した。獲得した領土はそれほど多くはなかったが、バルト海周辺におけるロシアの権益と地位を大きく向上させた条約とされる。См: Писаренко 2010. С. 106–113.

(27) ПСЗ. Соб. 1-е. Т. 11. № 8766.

(28) Hosking 1997. pp. 35–36.

(29) Kappeler 2001. p. 74.

(30) ibid. p. 74.

(31) Ибнеева 2004. С. 16.

(32) Кабузан 2003. С. 25.

(33) ロシア帝国およびソ連におけるドイツ系人口を研究したヴラジーミル・カブーザンによると、一八世紀初頭のロシアにおけるドイツ系人口は、五〇〇〇―六〇〇〇人にすぎなかった。しかし、ロシアが帝国化すると、バルト海沿岸地方のようなドイツ人居住地の併合、一八世紀後半以降の沿ヴォルガ地方、南ウクライナ、モルダヴィア、ヴォリイニなどにおけるドイツ人入植によって、ドイツ人が増加し、かつ定住するようになった。統計では、一七九六年―二六万二一〇〇人（ロシア総人口の〇・八パーセント）、一八三四年―六三万二三〇〇人（同一・〇パーセント）、一八五八年―八四万三〇〇人（同一・七パーセント）となっており、ロシア帝国内のドイツ系人口は、着実に増加したことがわかる。См.: Там же. С. 28, 137–138.

（34）Дизендорф 2006. С. 6.

（35）Lieven 2001. p. 268（リーベン 二〇〇二(下)、一一二頁）.

（36）См.: Андреев 2005. С. 14.

（37）См.: Там же. С. 15.

（38）Ибнеева 2004. С. 16.

（39）エストラント、リフラント、クールラント、エーゼル島各騎士団の貴族家系が記載された名簿。一八八〇年ごろの名簿によると、リフラントでは四〇家系、エストラントでは三三五家系、クールラントでは三三六家系、エーゼル島では一一〇家系が、貴族家系として登録されていた。См.: Воробьева 2009. С. 27.

（40）См.: Там же. С. 28.

（41）Ибнеева 2004. С. 18.

（42）Там же. С. 23.

（43）Там же. С. 24.

（44）Карамзин 1980. С. 32–33.

（45）Там же. С. 34.

（46）cf. Haltzel 1981. pp. 114–115.

（47）cf. Kappeler 2001. p. 75.

（48）Дизендорф 2006. С. 6.

(49) cf. Haltzel 1981. p. 115.
(50) cf. Kappeler 2001. p. 75.
(51) Немцы в истории России 2006. С. 74.
(52) Matsumura 2007. p. 164.
(53) 鈴木 二〇〇四、七六—七七頁参照。
(54) 志摩 二〇〇四、九九—一〇〇頁。
(55) 鈴木 二〇〇四、七七頁。
(56) 同右、八三頁。
(57) См.: Воробьева 2009. С. 31.
(58) См.: Там же. С. 31–33.
(59) 農奴解放後も一八三〇年代まで移動の自由を持っていなかった農民は、一八四〇年代になると、ラトヴィアやエストニアを捨てて、移住する者が続出した。ラトヴィア人農民の移住問題を論じたヘインリヒ・ストロヅによれば、ラトヴィア人農民の移住は一八四〇年代末、一八五三—五四年、一八六〇年前後、一八六三—六五年の五つの時期に集中的に発生したという。См.: Стродс 2000. С. 6–11.
(60) Matsumura 2007. p. 165.
(61) См.: Воробьева 2009. С. 41.
(62) См.: Там же. С. 42.
(63) См.: Там же.
(64) Matsumura 2007. pp. 166–167.
(65) ibid. p. 167.

第II章　サマーリンによる問題提起とその衝撃

はじめに

本章では、一八四八年にサマーリンが執筆した『リガからの手紙』が当時のロシア社会に与えた影響とその意義について論じる。オストゼイ問題を論じるうえで、この著作を避けて通ることはできない。なぜなら、これはロシア人によるバルト・ドイツ人批判の嚆矢となった書物だからだ。サマーリンは実際にバルト海沿岸地方で内務官僚として勤務し、現地のラトヴィアおよびエストニア農民たちの正教改宗、バルト・ドイツ人貴族による特権維持のための活動、その協力者であるロシア人高官の横暴なふるまいなどに接する機会をもった。『リガからの手紙』は、そのようなバルト海沿岸地方の現実を告発した書物である。

また、同書は刊行物ではなく、サマーリンが私的に開いた講読会を通じて、あるいは手稿の写しが密かに回し読みされることで知られるようになった。にもかかわらず、同書は皇帝にも知られるところとなり、サマーリン自身は逮捕の憂き目に遭った。すなわち、それほどの内容を含んでいたということでもある。バルト海沿岸地方のような「国家内国家」を包摂し、かつそれに依存することで維持されていたロシア帝国にとって、同地方のロシア化というロシア・ナショナリズムにつながる理念を含むサマーリンの主張は危険極まりないものであった。

そこで本章は、サマーリンの生涯および思想において、オストゼイ問題がどのような意味をもっていたかという問題についての叙述から始まる。その後、サマーリンによる同問題に対する試みが、当時のロシア社会に、どのようなインパクトをもっていたかを論じることにする。

第一節　サマーリンの生涯と思想におけるオストゼイ問題の位置づけ

本節では、このバルト・ドイツ人批判の先駆者、サマーリンの人物像を示し、彼のキャリアにおけるバルト・ドイツ人批判の位置づけを行う。

一八一九年四月二一日、貴族の家の長男として生まれたサマーリンは、一八二六年に家族とともにモスクワに転居した。家庭教育の後、一八三四年、モスクワ大学文献学科に入学し、一八三八年、同学科を卒業した。在学中は当初、ロシア語およびロシア文学に関心をもち、同学科の教授ニコライ・ナデージディン（一八〇四—五六年）の薫陶を受けた。その後、ロシア史や社会そのものに関心をもつようになり、歴史家ミハイル・ポゴージン（一八〇〇—七五年）の指導も受けた。また、当時の若い知識人らしく、ドイツ観念論哲学の洗礼を受けた。とくにフィヒテ、シェリング、ヘーゲルの影響を強く受けた。そしてこの時期にアレクセイ・ホミャコーフ（一八〇四—六〇年）やコンスタンチン・アクサーコフ（一八一七—六〇年）など、スラヴ派サークルとの交流を深め、彼自身もスラヴ主義の理論家として頭角を現すようになる。その契機となったのが、彼のマギストル学位請求論文「ステファン・ヤヴォルスキーとフェオファン・プロコポヴィッチ」（一八四四年）である。

この論文は、カトリシズムとプロテスタンティズムの圧力が押し寄せた一八世紀のロシアで、ピョートル大帝の宗教問題に関する指南役として活躍した二人の正教聖職者、ステファン・ヤヴォルスキー（一六五八―一七二二年）とフェオファン・プロコポヴィッチ（一六八一―一七三六年）の意義について論じたものである。サマーリンによれば、キリスト教のローマ的解釈であるカトリシズム、そしてゲルマン的解釈であるプロテスタンティズムの影響力から正教を擁護したのがこの両者であった。ヤヴォルスキーはプロテスタンティズムに対抗するため、カトリシズムの合理主義を全面的に受容するにいたった。それに対してプロコポヴィッチは、ローマ教会、とくにイエズス会による夾雑物からの教会教義の純化をめざして聖書に向かい、プロテスタンティズムに接近した(1)。だが、カトリシズムにもプロテスタンティズムにも、完全なる教会の理念の実現は見られない。他方、正教会は全一性を維持し、正教圏の理念的純粋性が担保されている。その意味において正教は他の二つの宗派に対して優位性を保っているというのが、この論文の主旨である。

もちろん、後のオストゼイ問題に対する関心は、まだうかがうことはできない。しかし、この論文に示された彼の「正教への絶対的信頼(2)」に、後に述べる『リガからの手紙』の執

ユーリー・フョードロヴィッチ・サマーリン（1819–76 年）

筆など、無謀ともいえる彼の活動に、サマーリンの非妥協的なパトスの根源を見ることは、決して的外れではないであろう。

こうしてスラヴ派論壇の期待の星として輝かしく登場したサマーリンであったが、周囲の予想に反して、大学卒業後、彼は内務省就職という道を選択した。本人は研究生活を続けるつもりだったが、父親がその進路に反対したのである。彼は元々、息子が官吏として国家で勤務することを期待していただけでなく、息子が親しくしていたスラヴ主義者に不信感を抱いていたという(3)。そして、最終的にサマーリンは、不本意ながら、父親の意向を尊重した。しかしながら、結果的にはこれが他のスラヴ主義者との違いを際立たせる強みとなったように思われる。なぜなら、実務を通じて実証的な観察を行った上で農民問題や民族問題を論じ、自らその政策決定に関与した経験をもつスラヴ主義者は、サマーリンだけであったといっても過言ではないからである。そしてこの実務経験を通じて、彼はバルト海沿岸地方に目を向けることになった。

サマーリンは一八四六年、バルト海沿岸地方の農業改革、都市行政改革、司法改革、教育改革などの推進を目的とする「スタッケルブルク・ハヌィコフ委員会」の調査員としてリガに赴き、バルト海沿岸地方の都市構造と経済の研究に従事した。この時の研究は、『リガ市の歴史』というアカデミックな歴史書としてまとめられた。しかし、純然たる学術書とはいえ、激しい反発が予想された同書の出版は、困難をきわめた(4)。

そのような現状を打破するために書かれたのが、『リガからの手紙』である。これはロシア史上初の、ロシア人によるバルト・ドイツ人および政府のバルト政策を批判した書物であった。そしてそれは後述するように、ロシア国家のアキレス腱を衝くものであった。その意味で『リガからの手紙』は、「ロシアで最初の、公然と政府に論戦を挑み、真っ向から公的な見解に反旗を翻した、政治論争の書(5)」であったといえる。また、『リガからの手紙』が当時のロシア社会にもたらした衝撃の大きさは、後にサマーリンの著作集を編纂した弟のドミートリー・サマーリン（一八二七—一九〇一年）の言葉からも窺い知ることができる。

当時、我々には政治ジャーナルがまだなかった。また社会でも、ロシアの内部で何が起こっているのか、何も知られていなかった。オストゼイ地方に関しては全く無知であったと言っていいくらいであった。だから、『リガからの手紙』の内面的良心が伝わって、大きな関心が生まれたのであり、我が国で最重要の内政問題の一つについて、〔『リガからの手紙』が〕社会的観点から議論しようとした最初の試みだったのは、当然のことである。(6)

後段で詳しく論じるように、『リガからの手紙』の内容が皇帝にも知れるところとなり、サマーリンは逮捕された。この一件での彼の勇敢さをたたえる声は少なくなく、その社会的名声は高まったともいわれている。(7)しかし、オストゼイ問題に関する議論はその後、殆ど立ち消えとなり、彼が再び公然とこの問題について口を開いたのは、一八六〇年代のことであった。釈放後、モスクワの実家に戻ったものの、一八五〇年には南西地方に出張した。一八三七年から同地方長官として、「数世紀にわたってポーランド人やユダヤ人に搾取されてきた同胞である「ロシア人」を解放(8)」する闘争の最前線にいた、ドミートリー・ビビコフ（一七九二—一八七〇年）に請われたのである。この出張はその後、農民問題にのめり込んでいく彼にとって、重要な契機であったと言わねばならない。というのは、この出張中に農民問題に対する関心を深め、ある確信に達したからである。すなわち農民騒擾の本質とは、農民の義務を規定したインヴェンターリ法（領地台帳法）をもってしても除去できない、地主の搾取と横暴であるという確信である。ここにサマーリン、そして他のスラヴ主義者に特徴的な「反農奴制」という理念が確信に変わった[9]。

サマーリンの内務官吏としての生活は、一八五三年まで続いた。ペテルブルク、リガ、シンビルスク、キエフでの勤務の後、父親の病気に伴い退職した。その後はサマーラ県とシンビルスク県にある実家の土地を管理する生活に移り、しばらくの間、社会とほとんど関わりのない平穏な日々を送った。しかし、間もなくサマーリンはのんびりと私的生活を楽しんでいるわけにはいかなくなった。一八五三年にクリミア戦争が始まると、一八五四年初頭から国民義勇軍への召集が開始され、彼も無関係ではいられなくなったのである。

サマーリンは、徴集を拒否できる立場にあった。一八五三年に父親が亡くなったとき、四人いた弟が全員軍務に就いていたため、長男である彼は、残された母親を支えるべき立場にあったからだ。ところが一八五五年、彼は従軍した。それは「祖国の窮状[10]」を何とかしたいという愛国心の発露でもあったが、彼にはもう一つの目的があった。それは一般民衆に近づくことだ[11]。実際、この従軍体験の後、サマーリンは再び政治と社会に目を向けるようになる。一八五八年末、政府のメンバーとしてサマーラ県委員会で活動し始めたのを皮切りに、翌年三月から、農奴制廃止プロジェクトを準備する農民問題に関する法典編纂委員会に参加し、主に経済と行政を担当した。

法典編纂委員会におけるサマーリンの活動に関しては、例えば竹中浩[12]が詳細に論じているので、深く立ち入らない。ここでは、次の三点を指摘するにとどめる。第一に、「漸進主義」と呼ばれるサマーリンの農奴解放に対する考え方の特徴は、農民が解放後に独立自営農民になる、あるいはプロレタリアート化とすることを目指す解放ではなく、現在利用している土地に対する無制限の利用権の保障と、農村共同体に従属する生活の継続を前提とする解放ということである。第二に、この前提のもとに、農民が強いられている義務や拘束を徐々に軽減することを特徴としていた。そして第三に、サマーリンの漸進主義は、一八六一年二月一九日に裁可された法令にかなりの程度、反映されたということである。[13]

こうして新法令成立に重要な貢献をしたサマーリンは、一八六一年から一八六四年にかけて、サマーラ県とポーランド王国の新法令に基づく農民改革の実施に携わった。とりわけ、第二次ポーランド反乱（一八六三―六四年）の最中であったポーランド王国での体験は、ロシア帝国内の民族問題に対するサマーリンの関心が高まる契機となった。この時期からサマーリンは、イヴァン・アクサーコフ（一八二三―八六年）の新聞『日（День）』にポーランド問題に関する一連の論文を発表した。サマーリンによれば、ポーランド問題の根本的原因は正教とカトリシズムの対立にある。つまり、ポーランド人の要求は、東ヨーロッパにおけるカトリック教会の先兵ともいうべき歴史的役割に端を発しているというのである。こうした認識にもとづきサマーリンは、ポーランド問題の解決は、「いかなる反乱にも望みがないことをポーランド人に理解させうるほどに強化かつ集権化されたロシアの行政権力機構によるポーランドとロシアの不可分な結合」[14]か、「自発的かつ完全なロシアとポーランド王国の分離」[15]のどちらかしかないと主張する。要するに、ロシア帝国の一部として生きることを甘受するか、ロシアとの境界に位置するリトアニア、ウクライナ、ベラルーシをあきらめて、ロシア帝国から出ていくかのどちらかしかないということである。

ロシアに戻ってきたサマーリンは、一八六四年に設置された地方自治機関ゼムストヴォを支持し、貴族の憲法制定運動を批判した。一八六六年には、モスクワ県ゼムストヴォの議員に選出された。その一方で、旺盛な執筆活動を続け、『イエズス会士およびそのロシアへの態度』（一八六五年）などの著作を発表した。一八六四年初頭から、「ロシア政府がイエズス会士にロシアへの入国許可を検討している」という噂が立つなど、[16]ロシア社会では「カトリックの陰謀」に対する憎悪と恐怖が過度に強調されるようになるが、このサマーリンの著作もそれに一役買っていたといえよう。

そして一八六七年、サマーリンは、アクサーコフの新聞『モスクワ』に論文、「沿バルト諸県における正教について」[17]を発表し、再びオストゼイ問題をめぐる議論に戻ってきたのである。これはバルト・ドイツ系ジャーナリズムとロシア系ジャーナリズムの同問題をめぐる「出版戦争」を背景としたものである。さらに一八六八年八月、サマーリンはこの議論中、最大の問題作、『ロシアの辺境』第一分冊をプラハで出版した。後で詳しく論じるように、同書は国外で出版されたにもかかわらず、一部の新聞や雑誌が部分的に紹介したことで、ロシア国内でも大反響を呼んだ。ただちにロシア政府はロシア国内での出版禁止を決定した。しかしその衝撃は大きく、オストゼイ問題はポーランド問題並みか、それ以上に危険な民族問題であるという認識がロシアに根付く契機となった。

しかし、一八七〇年代以降、オストゼイ問題に関する議論は鎮静化した。サマーリンは皇帝に対して、手紙を通じて『ロシアの辺境』の出版を申請するなど、この問題についての議論を途切れさせないように尽力したが、認められなかった[18]。サマーリンは同書を第六分冊まで国外で出版し、また一八七一年四月に創立されたバルト海沿岸地方の正教徒の支援を目的とする団体、「救世主キリスト沿バルト海正教徒同胞団[19]」の常任会員として、アレクサンドル二世に活動支援を陳情するなど、オストゼイ問題に取り組み続けたのである[20]。

サマーリンは、『ロシアの辺境』においてバルト海沿岸地方のみならず、西部諸県各地の辺境問題をも論じるはずであった。しかし一八七六年五月、サマーリンは、ベルリンのホテルで体調を崩し、搬送先の病院で死んだ。事情は不明だが、遺体はロシア大使館の正教会に運ばれず、プロテスタント教会で弔われたという[21]。

こうして、本来の計画とは異なり、『ロシアの辺境』はバルト海沿岸地方に関する著述として記憶されることになった。サマーリンは彼の活動していた時代から今日に至るまで、ロシアの知識人から尊敬を集めてきた人物である。それゆえにアレクサンドル・コシェリョーフ（一八〇六―八三年）、ヴラジーミル・メシチェルスキー（一八三九―一九一四年）、ドミトリー・オボレンスキー（一八二二―八一年）、ヴラジーミル・オルローフ＝ダヴィドーフ（一八〇九―八二年）ら、当時のロシアを代表する知識人の回想録や日記にサマーリンの死に関する記述が見出される。その中にはオストゼイ問題との関わりについて言及しているものもある。しかし、それは必ずしも肯定的に評価されていたわけではない。例えば、カラムジンの孫で、雑誌『市民』の編集者、保守主義者として知られるメシチェルスキーは、次のように述べて、サマーリンのオストゼイ問題への取り組みを批判している。

彼のオストゼイ地方における滞在の成果は、あの有名な『ロシアの辺境』である。そのどの頁にも知性が光り輝いているが、オストゼイ地方のドイツ的要素に対する憎悪も息づいている。彼はその巨大な知性によって、憎き対象を徹底的に痛めつける。サマーリンの著作は何か新しいことを語っているわけでもなければ、建設的なわけでもない。また、ロシアへの愛という名の下に、何某かの構想を呈示しているわけでもない。これこそ、サマーリンの知的、政治的活動の最も際立った特徴であった。彼の何らかの対象への憎悪は、熱心に擁護しているかのように見える対象への愛情に発しているのではない。はっきりと憎むべき事物を率直に憎んだのは、自分の批判的知性を満たすためであった。[22]

そのことと関係があるかは別として、少なくとも一八七〇年代のロシアには、サマーリンほど熱心にオストゼイ問題に取り組もうとする者は現れなかった。また当時の状況が、容易にこの問題に取り組めるようなものではなかったことも確かであった。それは次のエピソードによっても理解されよう。一八七七年、サマーリンを始めとするスラヴ主義者の活動に感銘を受けた歴史家ピョートル・バルチェネフ[23]（一八二九―一九一二年）が『リガからの手紙』を雑誌『ロシアのアーカイヴ』に掲載しようと奔走したことがある。検閲官が掲載に難色を示したため、バルチェネフは面識のある政府高官に掛け合った。しかし、最終的にアレクサンドル二世の判断によって、掲載は見送られたという[24]。この決定により、一般的な読者が『リガからの手紙』を合法的に読むには、一八八九年まで待たなければならなかった。その年になってようやく、『サマーリン著作集』の第七巻に『リガからの手紙』が収録されたのである。

このように、サマーリンは晩年までかなり熱心にオストゼイ問題の解決に向けて尽力したが、存命中にそれが報われることはなかった。しかし、彼のオストゼイ問題への取り組みは死後になって見直されたのである。エドワード・ターデンが述べているように、一八八〇年代以降、バルト海沿岸地方もロシア化の対象地域となるが、ときの皇帝アレクサンドル三世の理論的バックボーンとなったのは、彼の皇太子時代の教育係であったコンスタンチン・ポベドノスツェフ（一八二七―一九〇七年）から教えられたサマーリンの諸著作であった[25]。そしてサマーリンが再三、主張していた、同地方における公文書のロシア語化や、研究教育機関におけるロシア語の導入などの政策が実行に移されていった。こうしてサマーリンは、一八九〇年頃には、ロシア・ナショナリズムの先駆者として再評価されたのであった。例えば、一八九〇年に書かれた当時のエストラント県知事セルゲイ・シャホフスコイ宛てのある書簡では、サマーリンは「バルト海におけるロシア民族の自己意識の父[26]」と評されている。

また、サマーリンの名前は、バルト海沿岸地方のロシア化政策そのものにも活用された。生前は殊にバルト海沿岸地方に関して、政府との折り合いが悪かったサマーリンだが、死後になって急速に評価の高まった彼の名前は、この地方をロシア化し、バルト・ドイツ人の影響力を削ぐ活動を象徴するものとなった。例えば、一九一〇年末のリガにおける「ユーリー・サマーリン記念啓蒙協会（Общество просвещения им. Юрия Самарина）」の設立はその最たるものである。一八四〇年代、六〇年代にバルト・ドイツ人批判を先駆的に行った人物の名前を冠した政府系文化教育団体の出現は、バルト・ドイツ人社会に再び憤激を呼び起こしたのである。[27]

以上、サマーリンの活動歴を追ってきたが、彼の生涯においてオストゼイ問題は極めて大きな部分を占めていたことは明らかである。それどころか、彼の社会的活動は、オストゼイ問題に始まり、オストゼイ問題に終わったという観すらある。オストゼイ問題の解決への取り組みは、このような一個人の献身的とも言える活動によって開始されたのである。

第二節　『リガからの手紙』前史

本節では、一八四八年頃のロシアとバルト海沿岸地方の状況、そしてサマーリン自身に重要な影響を与えたと思われる人物と出来事について論じ、『リガからの手紙』が登場した歴史的コンテクストを明らかにする。

1　ガルリープ・メルケルの活動

後述するように、バルト・ドイツ人がロシアで公然と問題視されたのは、一八六〇年代後半のことである。しかし、それ以前に彼らを問題視する動きがまったくなかったわけではない。おそらくバルト・ドイツ人問題に関する最初の批判的な書物は、前述のガルリープ・メルケルの『ラトヴィア人』（一七九七年）であろう[28]。彼はリフラント県出身のバルト・ドイツ人で、啓蒙主義の影響を受けた「リテラーテン（Literaten）」と呼ばれる知識人の一人であった[29]。

彼は、バルト・ドイツ人領主貴族によるラトヴィア人農民に対する非人間的な扱いを告発した。農奴制による隷属的状態に置かれていることがラトヴィア人の無教養・無気力の原因であると喝破し、バルト海沿岸地方における農奴解放を主張したのである。また農奴解放は、バルト・ドイツ人の領地経営者の利益になるだけでなく、バルト海沿岸地方全体の経済的発展にも寄与するとも主張した[30]。このような主張の危険性を理解していたメルケルは、『ラトヴィア人』をまずドイツで出版した。これが大反響を呼び、やがてリフラントでも同書の内容が知られるところとなった。メルケルの主張には、地主の既得権を否定する内容が含まれていた。当然、彼は非難され、様々な誹謗と中傷に曝されるところとなり、彼に対する誹謗文書[31]も数多く出版された。また、『ラトヴィア人』はリフラントにも持ち込まれたが、直ちにすべて地主たちによって買い占められた挙げ句、焼却されたという[32]。

しかし他方で、ヨーロッパで『ラトヴィア人』はよく読まれ、少なくとも三版を重ねた。他の言語にも翻訳され、さらにヨハン・ペトリ（一七六二―一八五一年）という、エストラントにおける追従者も現われた。彼はメルケルに触発されて、『エストラントとエストニア人[33]』（一八〇二年）という、エストニア人の権利を擁護する著書をドイツで出版したのである。

メルケルは、『ラトヴィア人』以降も、バルト海沿岸地方に関する文筆活動を続けた。一八〇六年、リガに戻ったメルケルは、「加工労働者および農奴の解放による領地運営コストの半減化の根拠[34]」（一八一四年）というパンフレットを発表した。しかし、これもまたバルト・ドイツ人の非難を浴びた。パンフレットはすべて回収され、焼却された。その後、再びドイツに渡ったメルケルは、バルト海沿岸地方における農奴解放の進捗を見守りつつ、『自由なラトヴィア人とエストニア人』[35]（一八二〇年）を発表した。メルケルが農奴解放に一定の影響をもたらしたか否かを判断する材料を著者はもっていない。しかし、アレクサンドル一世はこの『自由なラトヴィア人とエストニア人』を高く評価し、メルケルに終身年金を与えたというエピソードが残っている。[36] つまり、彼の著作がアレクサンドル一世に何らかの影響を与えたと判断しても、問題はないと思われる。

しかし第一章で見たように、バルト海沿岸地方を帝国の統治下に置いておきたいロシア政府にとって、バルト・ドイツ人と良好な関係を築くことは必要不可欠であった。よってロシア政府がメルケルの先駆的なバルト・ドイツ人批判を封殺するのは、自然な成り行きであったといえよう。結局、多くのロシア人がメルケルの思想に触れることができるようになったのは、一八七一年のことであった。この年、雑誌『ロシアのアーカイヴ』に、メルケルの経歴とともに『ラトヴィア人』の抄訳が掲載された。つまり、この書物は出版から七〇年以上もの間、大半のロシア人には知られぬままだったのである。そして当然ながら、バルト海沿岸地方の実態に一般的なロシア人が迫ることは、ほとんど不可能に近かった。

2　ラトヴィア人、エストニア人の正教改宗運動

一八四〇年代には、二度にわたり、ラトヴィア人とエストニア人の農民が正教に改宗する大規模な運動が発生した。『リガからの手紙』、あるいは『ロシアの辺境』においても、この問題が論じられているように、サマーリンはバルト海沿岸地方における正教の問題に多大な関心を抱いていた。よって、この改宗運動は、『リガからの

手紙』の前史として欠くことができない。

最初の大規模な改宗運動が起こったのは、一八四一年のことである。リフラント県の各郷は凶作に見舞われ、農民たちは飢えに苦しんだ。しかし、地主も県政府も状況を深刻視せず、ほとんど放置した。その結果、農民のあいだには、バルト・ドイツ人地主やルター派教会の牧師、現地政府に対する不信感が広がっていった。そんななか、正教徒になれば他県に移住できる、ロシア南部に行けば、土地が取得できるといった噂が広まった[37]。そして一八四一年八月より、リガ主教に正教への改宗を求めて、請願書を提出する農民が増加したのである。そして同年冬までに、リフラント県全域を覆う大衆運動となった。これは当然、権力側に警戒された。一八四一年一〇月八日、リガ主教イリナルフとリガ正教会が受け付けたラトヴィア人とエストニア人の農民からの請願書はすべて違法とされ、沿バルト海諸県の農民が正教に改宗することそのものが禁止された[38]。その一方で、現地の治安機構の弾圧に反発した農民たちによって、各地で騒擾が引き起こされた。しかし、一八四一年冬にはほぼ収まり、翌年初頭までに鎮静化した。

最初の改宗運動の特徴は、改宗の動機にある。それは現状の苦境から逃れたいという農民たちの社会経済的な要求と結びついていた。例えば、当時の総督であったエヴゲーニー・ゴローヴィン（一七八二―一八五八年）も、次のように述べて、そのことを認めている。

> 農民たちは、登録のときには言わないが、正教徒になることで世俗的な利益を得ようとしているのは、報告から明らかだ。何か貰わないわけにはいかない、土地の取得と地主からの解放が望みだ、と皆でいい合っている[39]。

そうした動機ゆえに、他県への移住に希望を見出そうとする農民に同情した正教聖職者が彼らの請願書を受け付けたとき、農民たちは改宗すれば移住許可が下りるという噂をより強く信じるようになった。これこそ、改宗が大規模な運動に発展した背景であった。結果的には、運動の終息後も農民の苦しい生活そのものは変わらず、ルター派教会の聖職者たちの信徒に対する態度もそれ以前と変わることはなかった。さらにいえば、実際には正教徒の数が大幅に増加したわけでもなかった。しかし、正教聖職者たちが農民たちの声に耳を傾け、同情的な行動をとったことで、農民たちの間で、正教会と正教の権威は一挙に高まった。またその後の展開にとって何よりも重要なのは、一八四一年の出来事がリフラント県の農民たちの記憶に生々しく残ったことである。そのおかげで、事態の終息後も、農民たちのなかで、正教への改宗と現状の生活から脱出する希望は、分かちがたく結びついていたのである(40)。

二度目の大規模な改宗運動は、一八四五年から四八年にかけてである。一八四五年、リフラント県の農民の食糧事情は危機的であった。現地の治安当局では、再び農民騒擾の可能性が囁かれ、農民のあいだでは、正教への改宗が許可されるという噂が出回り始めた。一八四一年の状況に似通ってきたのである。しかし、全く同じだったわけではない。前回と同様に、物質的な欠乏と地主の横暴からの解放は、重要な運動目的であった。しかし、一八四五年の改宗運動は、より根源的な欲求に根差したものであったと見られている。例えば、リガ主教区史の研究者であるアレクサンドル・ガヴリーリンによれば、一八四五年に農民が正教を目指すようになった理由は、飢えをしのぐことだけではなく、社会、政治、権利、民族、宗教のすべてに対する不満を解消することにあったという(41)。

この動きが大衆運動化していった背景として、一八四五年三月、ゴローヴィンが沿バルト海諸県総督に就任した人事が重要である。というのは、ゴローヴィンは明らかに正教寄りの姿勢を鮮明にし、農民たちの改宗にも理解を示したからである。彼は、同年七月、リガ主教フィラレートと協議し、「改宗規則」を定め、リフラント県の地方統治機関に提示した。この改宗規則は、「農民が正教聖職者に請願書を提出すること」、「請願者自身が立ち会うこと（集団的改宗は禁止）」、「農民が請願書を提出する際、必ず地方統治機関の代表者が立ち会うこと」、「農民から、正教徒になるのは信仰だけが動機であるという誓約書を取ること。なお、農民の地主との関係における諸義務は従来どおり、維持される」という改宗の手続き上のルールを明文化したものであった(42)。

ゴローヴィンは、改宗が問題となった後の沿バルト海諸県総督として、バルト・ドイツ人からルター派信徒の正教徒化を阻止する役割を期待されていた。しかし、正教徒であり、バルト海沿岸地方に個人的な利害関係を持っていなかったゴローヴィンは、むしろ同地方住民の正教徒化を望んだ。そしてバルト・ドイツ人貴族に配慮しつつも、改宗を妨げるどころか、むしろ後押しするような方向を打ち出したのである。

これには、地主とルター派聖職者が反発し、総督や内務省にリガ正教会の「不法行為」を通報した。また、一八四六年から四七年にかけて、ラトヴィア人とエストニア人を囲い込む大々的なキャンペーンも行われた。これに対してリガの正教聖職者は、正教徒となった農民に対する地主と牧師による迫害を総督と最高宗務院に通報した。また一八四六年冬には、ゴローヴィンが中心となって、正教に改宗したラトヴィア人とエストニア人を地主の迫害から保護する法的枠組みをつくる試みも始まった。しかし、これは中央政府の協力が得られず、失敗した(43)。

リフラント県全域における改宗運動が続いた一八四五―四八年に、一一万二二二人（ラトヴィア人六万二八九八人、エストニア人四万七三二四人）もの農民が正教に改宗したとされる。これはリフラント県に住むラトヴィア人とエストニア人の農民人口の一七パーセントに相当する。しかし、一八四七年秋頃から急激に減少し始め、一八四八年に限れば、改宗者は九〇二〇人（エストニア人五三一四人、ラトヴィア人三七〇六人）にとどまった。これは正教徒になっても、生活が楽にならないどころか、バルト・ドイツ人地主による迫害によってむしろ状況は悪化したことが明らかになったからである。それゆえ早くも一八四七年には、ルター派への再改宗を求める新正教徒さえ現れた。その後、一八四八年革命の影響を恐れ、より一層のバルト・ドイツ人貴族擁護に傾いたロシア政府は、ゴローヴィンを解任し、バルト海沿岸地方において正教の地位を向上させる試みを打ち切った。[44]

サマーリンが内務官僚時代にバルト海沿岸地方で目撃したのは、いわばロシア政府から見捨てられた形となったラトヴィア人とエストニア人の正教徒農民であった。彼はバルト海沿岸地方のみならず、農民問題を重要な問題に位置づけていたが、その原点にはリガでの目撃体験があったのである。

本書の主題とはやや離れるが、改宗運動について言い添えておかねばならないのは、一八四八年以降も、他宗派から正教に宗旨替えする人々が途絶えたわけではないということである。リガ主教管区監督局（Рижская духовная консистория）が作成した「教区学校で学ぶ農民の子女人数の一覧表」（一八五六年二月三日付）という文書に併載された一八五五年のリフラント県内における新たな正教徒に関する資料[45]から、当時の様々な宗派、宗教から正教への宗旨替え状況の一端を窺い知ることができる。それによれば、改宗運動の波が去った一八五五年においても、リフラント県にはルター派から正教徒になった者が一九七人（男八一人、女一一六人）いたという。[46]右にみたように、バルト海沿岸地方の改宗運動は、農民たちの貧窮という側面から説明されることが多い。しかし、実はそれだけでは説明できない面があることも記憶にとどめておくべきであろう。

3　バルト海沿岸地方における改革の停滞

バルト海沿岸地方に赴任したサマーリンは、上司であった当時の沿バルト海総督ゴローヴィンがバルト海沿岸地方の法制改革に苦慮する姿を目の当たりにした。この改革は要するに、何世紀も続く特権、条約、慣習の集積からなるこの地方の法規を体系化し、法典化する試みである。この試み自体は、一七二八年にさかのぼる。[47]しかし、それは不首尾に終わるのが常であって、改革のための委員会の設置と廃止が繰り返された。[48]ニコライ一世の治世になり、一八三三年に一六四九年に編纂された法典から現在（当時）までの法律を時系列にまとめたロシア帝国法令集が公布されるなど、法制の近代化が推進された。バルト海沿岸地方においても、一八二六年に再び法令集編纂委員会が設置された。しかし、特権の存続を望むバルト・ドイツ人貴族の請願や妨害によって、作業は遅れがちであった。[49]

ちなみに沿バルト海三県の法令集が編纂され、帝国全体の法令集に組み入れられ、皇帝の裁可を得て公布されたのは、一八四五年六月のことである。当初、この法令集は五部構成で作成されたが、一八四五年の段階では第一部（県行政の権力機構の部）および第二部（所有権の部）の承認にとどまった。その他は承認手続きの問題で中央政府と地方委員会に対立が生じたため、裁可は遅れた。第三部（民法）が承認されたのは、一八六四年一一月のことであった。そして残りの二つ（民事訴訟規則および刑事訴訟規則）が公布されることはなかった。[50]また公布されたものの、実際の運用では、地方機関によって相当な変更が加えられた。[51]

そして一八四八年一月、それなりにバルト海沿岸地方における法制改革を前進させ、農民の正教徒化にも尽力したゴローヴィンが沿バルト海諸県総督を退いた。その後任として総督に就任したのは、伝説的な大元帥アレクサンドル・ヴァシレーヴィッチ・スヴォーロフ（一七二九—一八〇〇年）を祖父に持つアレクサンドル・アルカジエヴィッチ・スヴォーロフ（一八〇四―八二年）であった。バルト・ドイツ人貴族は、ゴローヴィンによる一連の改革路線を特権への干渉と見て、不満を募らせていた。そのためロシア政府は、ゴローヴィンを解任せざるを得なかったのである。[52] スヴォーロフは、一八六一年一一月まで総督を務めたが、バルト・ドイツ人貴族に対して誰にもまして妥協的で、ゴローヴィンの改革を後退させたことで知られる。スヴォーロフはリガに着任した初日（一八四八年三月一八日）、自分はゴローヴィン体制の反対者であり、バルト・ドイツ人の特権を護持するために働く口利き役であると宣言した。[53] 彼の言動を知ったバルト・ドイツ人のある高官が、「スヴォーロフ公のような人物を総督に与えてくださるとは、皇帝のリフラント、エストラント、クールラントへの愛はまことに巨大であるとしかいえない[54]」と語ったと伝えられている。

サマーリンは、後年の『ロシアの辺境』第一分冊において、この人事以降、ゴローヴィンが着手した法制改革は完全に骨抜きにされたと指摘した。[55] サマーリンが様々な政治的リスクを知りつつ、『リガからの手紙』を書き、知人に見せるという行動に至った背景として、この人事は少なからぬ意味をもっていたと考えられる。

4　一八四八年革命

一八四八年革命は、ロシア帝国に直接的な影響を与えたわけではない。しかし、決してそれは対岸の火事などではなかった。この革命の特徴は、ヨーロッパ各地でほぼ同時期に勃発し、それらが総体として一つの革命を形成していたことである。増谷英樹の言葉を借りれば、フランス革命がパリから革命を輸出していたのに対して、一八四八年革命は、ヨーロッパ各地における人民大衆の積極的な参加を基盤とする諸革命がそれぞれ固有の役割を果たしつつ、シンフォニックに一つの革命を奏でたのである。[56] つまり、「下」から発生した局地的な革命運動が他の地域の革命運動と連合することでヨーロッパ全体に拡大していく側面をもっていたということである。ロシアの政治エリートがこの革命がロシア帝国領内に飛び火する危険性に怯えていたのは、その点であった。この時期の空気を象徴する事件として、フョードル・ドストエフスキー（一八二一―八一年）やニコライ・ダニレフスキー（一八二二―八五年）も参加していたユートピア社会主義者サークル、ペトラシェフスキー団の検挙（一八四九年）を挙げることができる。

文化的にも地理的にもヨーロッパと関わりの深いバルト海沿岸地方は、西欧から押し寄せる「害悪」を遮断する砦でもあった。実際に革命が貧窮にあえぐ農民に伝播する可能性が懸念されていたことは、例えば当時の沿バルト海諸県総督スヴォーロフからリフラント県知事マクシム・エッセンに宛てられた通達（一八四八年三月二二日付）などからうかがうことができる。

我々の近隣国家で起こった不幸な出来事が国家権力と法秩序の転覆を招いているが、リフラント県はその目と鼻の先に位置しているだけに、自分の足元にも注意を払わなければならない。農民は情勢に便乗していないが、まず一八四一年、次いで一八四五年に明らかになったように、多くの農民が正教への改宗を希望しているため、地主と農民のあいだの不信感は強まっている。(57)〔傍線原文〕

要するにスヴォーロフは、ラトヴィア人やエストニア人の農民もヨーロッパ情勢に便乗しかねない原因がすでに存在していると分析している。そこで彼は、次のような対応策をエッセンに指示している。

一、四月二三日、すなわち地主屋敷の貧農たちに領地を最終的に指定する期限が近付いたら、念のため、農民たちにそのことを伝え、リフラント県の貴族を説得して、その権限はできるだけ用意周到に行使し、そして農民たちに可能な限りの慈悲を与えるように。

二、平穏を維持するための最も有効な方法のひとつは、宗教的な説教だと思うので、貴殿には、リフラント県およびリガ市の教区事務局を通じて、地主に無条件に服従するように信徒に呼びかけることをルター派の聖職者に義務付けるべく、取り計らっていただきたい[58]。

ここには、一八四八年革命の影響を遮断するために、危うくなっている農民と地主の関係を何とか平静に保とうとするスヴォーロフの低姿勢がうかがわれる。また実際にロシア政府は、ヨーロッパ情勢に呼応してリガ正教会に地主からの迫害に関する苦情申し立ての受け付けを禁止し、沿バルト海諸県における正教会を強化する一切の活動を停止した。そしてバルト・ドイツ人貴族をさらに擁護するようになった[59]。

このように、サマーリンが『リガからの手紙』を書いたのは、一八四八年革命の悪影響が懸念され、ロシア帝国におけるバルト海沿岸地方における特殊な体制の存在意義が改めて重要になってきた時期にあたる。その意味で一八四八年革命は、『リガからの手紙』が登場する重要な背景のひとつであった。

5　ロシアにおけるスラヴ主義および「革命的パン・スラヴ主義」に対する警戒

さらに『リガからの手紙』が書かれた時期の特徴として指摘すべきは、当時のスラヴ主義者に対して、ロシア政府が厳しい眼差しを向けていたことである。サマーリンは『リガからの手紙』の一件で逮捕された。しかし、それは内容そのものもさることながら、当時のスラヴ主義者が置かれていた状況も無関係ではない。一八四七年四月、キリル・メトディウス団[60]の活動に関わった容疑でスラヴ主義者フョードル・チジョフ（一八一一―七七年）が逮捕された頃から、ロシア政府のスラヴ派への猜疑心は顕著になった[61]。一八四八年からその翌年にかけて、農奴制廃止や教育の必要性、国家権力からの自由の拡大を主張していたスラヴ主義者たちは、『リガからの手紙』とは関係なく、秘密警察の捜査対象になるほど警戒されていたのである[62]。

例えばサマーリンが逮捕されたのとほぼ同時期（一八四九年三月）、イヴァン・アクサーコフも、秘密警察として悪名高い帝室官房第三部に逮捕された。彼の逮捕の直接的な発端は、父親のセルゲイ・アクサーコフからの手紙が第三部に押収されたことによる。この手紙には、イヴァン・アクサーコフが語ったという、「軍務に関する計画（Предположения по службе）」という表現が含まれており、第三部はこの部分に依拠して、反政府的な陰謀を疑い、取り調べを行ったのである[63]。なお、取り調べは当然、『リガからの手紙』の件にもおよび、アクサーコフは「サマーリンの怒りを共有している。ロシア人として、オストゼイ地方におけるロシア人の状況に無関心ではいられない[64]」と取調官に答えている。これらは、当時のスラヴ主義者がいかに政府から警戒されていたかを物語るエピソードである。

また、サマーリンとイヴァン・アクサーコフの逮捕の他、スラヴ主義者に多く見られた顎ひげを蓄えて民族的衣服を着用する行為に対する禁止令、コンスタンチン・アクサーコフ（一八一七―六〇年）の戯曲『一六一二年のモスクワ解放』の上演禁止など、一八四〇年代から五〇年代にかけてのロシア政府はスラヴ主義者を警戒し、厳しく取り締まった。ある政府高官が、スラヴ主義者を「共産主義者」と呼んだというエピソードまで残っているほどである[65]。

さらにニコライ一世は、当時のスラヴ主義者による国外のスラヴ問題に関する活動や言論、ロシア民族とその他のスラヴ民族の連帯といった言説に対して否定的であった。この意味において、彼はスラヴ主義者を反政府勢力と考えていた。なぜなら、そうした活動や主張は、当時、既存の帝国秩序を崩壊に導きかねないパン・スラヴ主義運動と結びつきやすいと考えられたからである。[66] 今日でこそパン・スラヴ主義には「スラヴ諸民族の文化的・政治的統合のイデオロギー」[67]、「様々な政治哲学的概念において表現されたスラヴ人の文化・政治的相互連関」[68]、「スラヴ系諸国家あるいはスラヴ世界全体に生じた社会・政治問題を解決するべく、エトノスに基づくスラヴ民族統合を求める、ロシアを含むスラヴ系諸国に繰り返し現れた社会政治思想潮流」[69]、「政治、社会、経済的問題を解決するため、エトノスに基づくスラヴ民族統合の必要性を主張する、東欧各国における社会政治思想潮流」[70] など、穏当な定義が与えられている。しかし、ニコライ一世は、それをロシアにとって致命的な理念と受け止めていた。彼は、パン・スラヴ主義的な理想を「夢想」と切り捨て、仮にそれが実現した場合には、「ロシアの破滅」につながるとまで考えていたのである。[71]

注意しなければならないのは、ここでいうパン・スラヴ主義とは、一八六〇年代後半に前述のダニレフスキー、オレスト・ミレル（一八三三—八九年）、アレクサンドル・ギルフェルディング（一八三一—七二年）らが唱道し、後にロシア帝国の拡張主義的外交を擁護するにいたったそれとは、別物のイデオロギーだということである。「パン・スラヴ主義」という言葉は、一八三〇年代から四〇年代にかけてのドイツ語圏のジャーナリズムにおいて、国内向けプロパガンダ用語として使われるようになったのが発端とされている。つまり、それは、オーストリア帝国のスラヴ民族を掌中に収めようというロシアからの「帝国主義的脅威」の同意語として使われたのである。[72]

しかし、当のニコライ一世にはヨーロッパの国際秩序を脅かすような意図はなかった。また、他の帝国に居住するスラヴ民族の庇護者になるなどという野望もなかった。ニコライ一世は、スラヴ民族を解放するという事業が自らを危うくする危険性を十分に理解していたのである。ポーランド人というスラヴ民族の一員の国家を分割し、消滅させた当事者であるロシアがスラヴ民族解放に乗り出せば、当然、ロシア帝国内に居住するポーランド人の存在が内政問題となり、ロシアの統合が脅かされる事態を招く。つまるところ、スラヴ民族解放の事業に取り組むことなど、ニコライ一世にはあってはならならない選択だったのである。

そのことを逆説的に示したのは、ロシアのアナーキスト、ミハイル・バクーニン(一八一四―七六年)である。一八四九年、彼はドレスデンでの革命騒動の中で逮捕された。そしてオーストリアのザクセン裁判所で死刑判決を受けた後、ロシアに引き渡され、ペトロパヴロフスク要塞監獄に投獄された。そして自身の活動を記すように、というニコライ一世の命令にしたがって、一八五一年、獄中で『告白』という手記を書き上げた。この手記で注目すべきは、バクーニンが、ロシア皇帝自らスラヴ民族解放運動の先頭に立つように、という希望を明かしていることである。例えば、彼は次のように述べている。

……皇帝陛下、貴方がもしスラヴの旗を掲げることを望まれたならば、彼ら〔スラヴ人〕は条件も交渉も抜きに、盲目的に貴方の御意思に従ったことでしょう。そして彼らおよびオーストリアとプロイセンの領内に居住するすべてのスラヴ諸語の話者は、歓喜と狂信主義とともにロシアの鷲の広大な翼のもとに馳せ参じ、憎むべきドイツ人に対してだけでなく、全西ヨーロッパに対しても、猛攻を仕掛けたでありましょう。(73)

『告白』は助命嘆願もしくは減刑嘆願という特殊な性格をもっているので、その文面を文字通り受け取ることに一定の危うさがあるのは確かである。[74] しかしバクーニンは、『告白』執筆後に流刑になったシベリアを脱出し、日本とアメリカを経てロンドンに到着し、自由になった後に書いた「人民の事業。ロマノフ、プガチョフ、もしくはペステリか」（一八六二年）という論文で、次のように述べて、アレクサンドル二世に対しても同様の期待をかけている。

ツァーリはロシア民衆の理想であり、それはロシアのキリストのごときものであり、天国への愛とその至福についての思索にあふれた、ロシアの民衆の父であり大黒柱である。彼は長きにわたり、民衆に必要なものすべてを与えてきた。すなわち、自由と土地だ。民衆が貧しく、自由でもないのは確かだが、それは悪徳貴族、すなわち悪代官が民衆を縛り上げているせいである。しかし、民衆がよみがえるときがきた、我が民衆を支えとし、貴族、司祭、首脳陣を一掃するときが。まさにロシアには黄金の自由の時代が訪れようとしているのだ。これぞ、民衆のツァーリ信仰の意義であろう。[75]

よって、ロシア皇帝が先導するスラヴ解放闘争というバクーニンの青写真もそれなりに真剣なものであったと考えられる。しかし、ニコライ一世もアレクサンドル二世も、バクーニンの提言に首肯することはなかった。

それはともかく、一八四〇年代以降のロシアにはバクーニンも含め、「スラヴの相互性」、「スラヴの団結」、「スラヴ統合」などといった観念に魅せられた知識人が数多く現われた。それには前に挙げたパン・スラヴ主義者たちのほかに、ホミャコーフ、ポゴージン、フョードル・チュッチェフ（一八〇三―七三年）、ヴラジーミル・

ラマンスキー（一八二三―一九一四年）、ロスティスラフ・ファジェーエフ（一八二四―八三年）、ドストエフスキー、アレクサンドル・ゲルツェン（一八一二―七〇年）なども含まれる。しかし、バクーニンこそ、この理念を現実化しようとした運動を代表する思想家である。特に一八四〇年代のパン・スラヴ主義運動は、彼の名と不可分であった。彼は一八四〇年にドイツ留学に出て以来、ヨーロッパ各地の反体制派・民主派勢力と関わるようになり、革命家として名を馳せるようになっていた。ロシア政府は再三にわたって帰国命令を出したが、バクーニンは無視し、名実ともに亡命革命家となった。そして革命による「スラヴ諸民族の解放」という彼のイデオロギーは、「革命的パン・スラヴ主義（Революционный панславизм）」と呼ばれたのである。

このイデオロギーは、バクーニンが『新スラヴ政策の基礎』（一八四八年）などで述べているように、ロシア・オスマン・ハプスブルク各帝国の支配下にあるスラヴ諸民族が、「下から」の連合によって帝国支配から脱却し、これらスラヴ諸民族の連帯を基盤とするスラヴ連邦国家の建設を目指すものである。(76) つまり、三つの帝国に分断され、呻吟しているスラヴ民族による「下から」の解放運動を通じて、スラヴ諸民族の共同体を形成しようというのである。しかし、これは各帝国が支配する地域の帝国秩序の根底的破壊と必然的に結びつく。この意味において、ロシア政府が躍起になってバクーニンを逮捕しようとしていたのは当然であった。また、バクーニンは思想史上の系譜では西欧派と位置づけられているが、もともとスラヴ派サークルとも密接な関係があった人物である。(77) だから、ロシア政府がスラヴ主義者とバクーニンの革命的パン・スラヴ主義運動との連携を疑うのも、根拠なきことではなかった。

第三節　暴かれたバルト海沿岸地方の「実態」

本節では、政治的なリスクを冒してまでサマーリンが『リガからの手紙』において試みた、バルト海沿岸地方の「実態」の告発の中身を検証する。『リガからの手紙』は七本の手記からなる。そこでは、バルト海沿岸地方とロシアの歴史的つながり、その地に君臨するバルト・ドイツ人の異質性、ロシア人、正教徒の悲惨が論じられている。以下、『リガからの手紙』の記述に即して確認していく。

1　ロシアとバルト海沿岸地方の関係、およびドイツ人の同地方における存在意義

「第一の手紙」でサマーリンは、一二世紀から一八世紀にかけてのバルト海沿岸地方の歴史、主にロシア帝国に編入されるまでの歴史の概観を叙述している。ここでは、いかにもスラヴ主義者らしい国家観と歴史観が呈示されている。すなわち、バルト海沿岸地方は本来、ドイツではなく、ロシアと一体であるべきであり、それによって同地方の発展もあるという主張だ。

サマーリンによれば、一二世紀において既にこの地方は、ルーシの公国によって掌握されていた。「ウラジーミル・ポロツキーはクールラントを所有し、ヤロスラフはデルプト管区から年貢を受け取り、エストラントの東部はノヴゴロドの領地に含ま」れ、現地住民のあいだには、平和的に正教信仰が広まっていったという(78)。このことはドイツ人の年代記作家も認めているとも述べている。しかしながら、典拠は示されていない。また、今日の歴史学における一般的な見解によれば、バルト海沿岸地方はもともと偶像崇拝が強く、ヨーロッパがほぼキリスト教化した一二世紀にいたっても異教の地であったというのが通説である(79)。よってこのサマーリンの見解の信憑

性は、疑わしい。しかし、ここではその真偽にかかわらず、一二世紀には既に正教が同地に広まっていたという見解が呈示されたことそのものが重要である。というのは、あくまで本来ロシアと共通の精神的基盤を持っていたのに、「ドイツ人によってそれが妨害された」というのがサマーリンの主張だからだ。要するに、バルト海沿岸地方がドイツ人の支配下に置かれているのは、ドイツ人から加えられた「暴力」にその原因があるというのである。

ロシアはバルト地方を自分のものにして市民的、宗教的教育を施すことを運命づけられていたのに、ドイツの商人、宣教師、地主の不意打ちによって、長期にわたって始まりつつあった発展の途が妨害されたように思われる。ドイツ人がロシア人から、そしてカトリシズムが正教から、バルト地方を奪ったのである。しかしそれは、戦いなくしてはなしえなかった[80]。

そしてこの暴力は、この地方の共同体をも破壊してしまった。ただし、バルト地方の特徴は、この地方が全くドイツ化されなかったことだとサマーリンは述べる。現地住民は抑えつけられ、独自の発展は不可能であった。そしてドイツから何をも受け継ぐことができなかったのである[81]。そして右のような歴史観に基づき、サマーリンは「第一の手紙」を次のように締め括っている。

ロシアがオストゼイ地方に関して歴史的権利を、そして自然権さえもっているとすれば、……ロシアはオストゼイ地方を臣国としてではなく、自分の一部分にしなければならなかった。そして偶然の獲得物ではなく、

一時的に離れていたが、いま永久的に再結合しようとしている自分の一部分と認識しなければならなかったのである。(82)

このように、サマーリンの歴史観によれば、一二世紀以降のドイツ騎士団による武力による改宗以前のバルト海沿岸地方は、正教という精神的紐帯によってロシアと結ばれていたのである。正教という精神的枠組みとロシアという国家性との不可分性を重視するスラヴ主義者にとって、かつては「バルト海沿岸地方も正教圏であった」という学説は、バルト沿岸地方とロシアが手を携えて歩まねばならないとするには、十分すぎる根拠であった。サマーリンにとって、この地方を「ドイツのくびき」から解放することこそ、ロシア政府が取り組むべき課題なのである。「第一の手紙」で呈示されたのは、彼が晩年に至るまで主張し続けることになる、「バルト海沿岸地方のロシアへの統合」という課題の歴史的正当性であった。

2　旧宗主国とバルト・ドイツ人との関係

「第二の手紙」は、バルト・ドイツ人の諸階層とロシアに先立つ宗主国との関係が論じられている。すなわち、ポーランド、スウェーデンとバルト・ドイツ人の関係に目が向けられている。そこでサマーリンが注目するのは、これら旧宗主国とバルト・ドイツ人のあいだにある特権や慣習の擁護に関する理解である。彼によれば、旧宗主国はバルト・ドイツ人の特権を守ることを義務だと考えていたという。なぜなら、それこそが国情に見合っていたからだ。しかし、この特権維持の意義に関して、バルト・ドイツ人の理解は各宗主国とは異なっていたとサマーリンはいう。すなわち、旧宗主国はこの体制に対して無為であることを宿命とは考えておらず、これに対して、バルト・ドイツ人は旧宗主国に現行秩序を完全に承認することを求め、自分たちの同意なき変更や改革は、一切認めない立場をとっていたという[83]。

実際、両者の理解の相違は、旧宗主国政府とバルト・ドイツ人の衝突の原因となった。まずポーランドが公然と特権の制限に取り組み、バルト海沿岸地方を統合しようとした。しかし、その志半ばでポーランドは宗主国ではなくなった。次のスウェーデンもポーランドと同様の試みを行ったが、頓挫した。このように、ロシアに先立つ宗主国は、いずれもバルト・ドイツ人の特権的地位の変更を志したが、成功しなかったのである。

その後、バルト海沿岸地方がロシア領になった後も、バルト・ドイツ人の特権が存続したことについて、サマーリンは次のように評した。

ピョートル一世は、一筆でスウェーデンが同地方で行ってきたことすべてを御破算にした。それゆえに、すでに切り崩されつつあった中世的な諸概念と反国家的な本源が蘇ったわけではないにせよ、それらは現実に対する反作用力となった[84]。

これについては若干の補足が必要であろう。ヨーロッパ最後の農奴制の砦というロシアの旗幟が鮮明になると、スウェーデンの中央集権・改革路線に不安を覚えていたバルト・ドイツ人貴族は、自ら進んでロシアに寝返ったというのが、現代の歴史学で論じられている当時の実情である[85]。

ともあれ、サマーリンが問題視するのは、ロシアの対バルト・ドイツ人政策の非一貫性である。ピョートル一世がロシア帝国とバルト・ドイツ人の共存体制の基礎をしいたが、エカチェリーナ二世の治世になると、特権的地位の剝奪に着手された。しかし、その次のパーヴェルの治世には、再び前帝以前の状態に戻された。サマーリンは、歴代君主に見られる、バルト・ドイツ人に対する態度の相違を問題視したのである[86]。

このように、宗主国による特権的地位の変更という試みが失敗に終わったことを確認したサマーリンは、なぜバルト・ドイツ人が特権や慣習を守り抜くことができたのかという問題の検討に移っている。その際に彼が注目したのは、バルト・ドイツ人の「文書主義」である。彼らが特権の正当性を主張する際に根拠としてきたのは、大昔から蓄積されてきた、膨大な古文書であったという。そしてサマーリンは、次のように述べて、彼らの行動を批判する。

各階層の権利や要求の根拠となる文書は、一三世紀の昔に遡るので、のちに様々な変更や補足が加えられ、〔権利や要求のなかには〕完全に廃止されたものも多い。また慣習は、その性質からいって、不変ではありえないので、古い文書同士、権利書と慣習を照合させると、多くの矛盾は避けられない。それゆえに特権を認めるとすれば、法的意味や効力をもつものと、過去の秩序の遺物としての意味しかないものを予め区別する必要がでてくる。しかし、バルト・ドイツ人は、この程度のことさえ許さないのである[87]。

つまり、特権廃止を認めるつもりのないバルト・ドイツ人にとって、何よりも重要なのは宗主国の法典ではなく、昔から伝わる文書の集積だということである。そしてバルト・ドイツ人は、宗主国政府が講じる施策に反対するため、あるいは自分たちの権利を強化するため、「特権の堆積をひっかきまわして、書類を取り出して見せるのに、その効力を奪う、あるいは完全に対立する最新の法令については、賢明にも沈黙を守る[88]」のだという。

そしてその「沈黙」のためには、「誠実」というドイツ人の一般的なイメージにそぐわない、古文書のテクストの縮小、削除、加筆、意図的な誤訳が行われてきたとし、グスタフ・アドルフの証書の改竄、ジギスムント三世の証書の誤訳、一三―一四世紀にかけての漁業組合の特権に関する証書の誤訳といった実例を挙げている[89]。また、こうした不正が可能になった背景として、宗主国において長く行われてきた、役人の組織的な買収を指摘する[90]。こうしてサマーリンは、「古文書の恣意的な引用」と「買収」こそ、バルト・ドイツ人が政府の発する施策を拒否する手法であったと告発する[91]。

以上のように、バルト・ドイツ人と旧宗主国の関係は、常に対立をはらんだ不穏なものであった、そしてその原因はバルト・ドイツ人の側にあったというのが、サマーリンの見解である。政治的自立性を国家に楯突いて主張し、常に内紛の種を有し、和解しようともしなかったのはバルト・ドイツ人だというのである。

そして注目すべきは、「第二の手紙」の末尾で、バルト・ドイツ人が民族問題の主体として浮上することへの警戒感が示されていることである。もちろん、サマーリンはバルト・ドイツ人を民族（нация）と見なすことなど、認めない。しかし、「我々は最終的に、モスクワのドイツ人クラブで自分たちの民族性（национальность）について話し合われる日を迎えることになるだろう[92]」と述べて、将来への懸念を表明している。後で見るように、この一八四〇年代後半に示されたサマーリンの懸念は、一八六〇年代後半におけるオストゼイ問題の浮上によって、現実のものとなったのである。

3　ロシア国家とバルト・ドイツ人の関係

「第三の手紙」において論じられたのは、バルト・ドイツ人のロシア国家に対する態度である。ここでは、サマーリンのように、近代的なナショナリズムに憧憬を抱く知識人から見た、地方と国家の非対称な関係が指摘されている。すなわち、バルト・ドイツ人はロシア帝国臣民であるとともに、ロシア社会において無視できない地位を占めているが、彼らはロシアを祖国とは見なしておらず、ロシアの「血」と「土」とつながりのない社会をバルト海沿岸地方に築いていたということである。

このようなバルト・ドイツ人とロシアの関係は、様々な方面に影を落とすことになった。例えば、バルト・ドイツ人官僚のうち、ロシア語を解するのは、サマーリンの表現を借りれば、「三〇人に一人」であった[93]。ピョートル一世の時代以来、ロシア側はこのバルト・ドイツ人を教師として迎え入れてきたが、そのことは、バルト・ドイツ人のロシア人に対する優越感を醸成する側面もあった。そして一九世紀に至っても、彼らのロシアに対する眼差しは、ピョートル一世の時代におけるそれと同じであると、サマーリンは指摘する[94]。そして彼は、祖国を持たず、ロシアという国家には帰属しても、ロシア語やロシア人に対して敬意も愛着も持っていないバルト・ドイツ人のあり方に不満を抱いているのである。だから彼は、次のように述べて、憤懣をあらわにした。

「確かに我々はロシア皇帝の臣民ですが、ロシアと一緒になるつもりはありません（Ja, wir sind Untertanens des russischen Kaisers, aber mit Russland wollen wir uns nicht vermengen）」。このフレーズに注意すべきだ。ここにはバルト・ドイツ人の本音が集約されている[95]。

一体、我々にはロシア皇帝の臣民であると同時に、ロシア人を軽蔑し、ロシア語を避け、正教を憎むことが、民衆のよき財産をなす、つまり、政府を支えているすべてに対する敵対的な気風を感じることが可能なのだろうか[96]?

この「ロシアの大地」には一切かかわらず、政府との連携に努めようとするバルト・ドイツ人の態度を批判し、かつてのポーランドやスウェーデンの時代と同様、政府が劣勢に立たされている状況は、全く変化していないとサマーリンは指摘する[97]。また、この関係は、旧宗主国時代と比べると、より顕著になっているといわざるを得ない状況であるという。というのも、政府が何らかの変化をもたらそうとすれば、一六、一七世紀ごろと同様に、組織的な抵抗が始まり、特権に関する古文書の引用、不誠実なその解釈、時間延ばし、買収などが行われ、それらが常に成功を収めてきたからだ[98]。

また、「第三の手紙」においてさらに注目すべき部分は、バルト・ドイツ人は、ロシアだけでなく、ドイツ系国家をも祖国と見なしていないという指摘である。以下の引用で明らかなように、サマーリンの理解では、バルト・ドイツ人にとっての「ドイツ」とは、生身のドイツ人や現実のドイツ社会が抜け落ちた、抽象的なものである。つまり、彼らは、いかなる「血」や「土」ともつながりを持っていない、「根なし草」のような存在だという。

> 市民にとって祖国にあたるのは、彼らが市民権を享受する都市のことであり、貴族にとっては、彼の地位と世襲領地がそれにあたる。結局のところ、存在しているのは抽象化された祖国である。バルト・ドイツ人自身が知っているように、それに彼らが好意を寄せることはないし、それが実体化することはない。この祖国は、プロイセンでもオーストリアでもライン地方でもなく、ゲルマン世界一般、もしくはドイツ人の生活を

抽象化したものである。[99]〔強調は引用者〕

後で論じるように、ロシアにもドイツにも具体的な根拠を持たず、国家への忠誠においてのみロシアと関わっているに過ぎない「根なし草」性こそ、少なくとも一八六〇年代前半頃までのロシアの知識人がバルト・ドイツ人に見出していた特徴であった。ここで確認すべきことは、一八四〇年代という時期におけるバルト・ドイツ人は、特定の民族性に自己同一化していないエスニシティ集団と見られていたのであり、民族問題の主体とは見なされていなかったということである。こうしたバルト・ドイツ人に対するロシア人の見方が変化を見せ始めるのは、一八六〇年代後半のことであった。この点に関しても、後で詳しく論じる。

以上のように、バルト・ドイツ人のような、ロシアに何の愛着も持っていない集団に対して、ロシア政府は劣勢に立たされているという現状報告が「第三の手紙」であった。

4　バルト海沿岸地方のロシア人居住者

「第四の手紙」は、『リガからの手紙』のなかでは、分量的に最大の「手紙」である。しばしば『リガからの手紙』の「白眉」とされる部分である。[100]そこでサマーリンが描き出したのは、バルト海沿岸地方に居住するロシア人が置かれていた苦しい立場である。すなわち、同地方では、ロシア人は裁判、行政、商取引など、ありとあらゆる局面で不利な立場を強いられているというのである。

サマーリンによれば、バルト海沿岸地方がロシアに編入された後も、一七八四年に全国共通の都市条例（Городовое положение）が導入されるまで、同地方のロシア人は社会の外に置かれる存在であり、中央政府の特別な庇護のもとで生活していた。だが、同条例が発せられたのち、ロシア人も現地社会に組み入れられることになった。これによって、ロシア人も現地のドイツ人と同様の法的地位を得たことになり、政治や行政に参加する道が開かれた。また、新兵供出義務と人頭税も、この地方の住民に課されることになった。これを受けて、ロシア政府はこの地方のロシア人への支援を停止した[101]。しかし、一七九六年にパーヴェルが即位し、エカチェリーナ二世以前の状態に戻り、ロシア人は再び諸権利を失うこととなった。そして政府の支援は都市条例の導入とともに打ち切られていたため、彼らへの迫害は過酷をきわめたという[102]。また、同地方の同業組合や結社は、加入要件としてドイツ人かつプロテスタント教徒であることを求めていた。そのため、ロシア人にはそれらへの加入がきわめて困難であったことも、彼らの生活が耐えがたいものとなった原因だったという[103]。こうして、バルト海沿岸地方の都市人口の三分の一を占めていたロシア人は、法律に基づく保護を失い、惨めな状態に置かれたというのである。そして右のような一八世紀末の歴史的経緯もあり、一九世紀になっても、バルト海沿岸地方におけるロシア人は、「よそ者」[104]として扱われてきたという。

しかし、サマーリンは、こうした一連の経緯の責をパーヴェルに押し付けるような説明はしていない。それどころか、「皇帝の思想が恥知らずにも歪曲された」[105]と説明している。旧体制復活を指示した政令（一七九六年一一月二八日）を文字通りに受け取るならば、皇帝が認めたのは選挙制市会（магистрат）の復活だけであると理解するべきだという。例えば、ギルド・ツンフトの諸特権や非プロテスタント系住民に対する中世的な規定の復活、住民から再び権利を剝奪する権限は、皇帝の意図するところではないというのがサマーリンの見解である[106]。皇帝の意図が曲解されたために、バルト・ドイツ人の特権全般が復活したというのである。

このように、バルト海沿岸地方のロシア人は一八四〇年代になっても「よそ者」扱いされているが、そのような状況がまかりとおっているのは、広大なロシア帝国のなかでも、バルト海沿岸地方だけだとサマーリンは非難する。

オストゼイ地方のロシア人を除き、どの民族性（национальность）にもその代表者を選ぶ権利が認められている。ロシア人はリガの人口の三分の一を占めているのに、彼らは自分たちの代表者を市のしかるべき場所に直接選出できないばかりか、彼らが属する階層の代表者を選出することも、事実上、できないのだ。なぜなら、そのためには何段階もの手続きを踏んだ上で、自己選出権または自由拒否権を有している、閉鎖的な組合のどれかに応募を受け付けてもらわなければならないからである[107]。

サマーリンは、この「閉鎖的な組合」がどのくらいロシア人に対して閉鎖的であるかを示すデータを呈示する。一八四七年、この種の組合にロシア人の加入が認められたケースは、ドイツ人の四一四分の一にすぎなかったという[108]。実は一八四一年に組合加入に関する恣意的な選択を禁じる法律が制定されていたにもかかわらず、この有様であったという。そしてこの状況の悪化を招いた要因として、一八四八年から六一年まで総督の地位にあったスヴォーロフのバルト・ドイツ人贔屓を挙げている。サマーリンによれば、このような人物こそ、一八四一年の法律に反して、ロシア人があらゆる組合から排除されてきた元凶なのであった[109]。すなわち、ロシア政府の高官でありながら、ロシア人の利益に反していても、バルト・ドイツ人を擁護するような人々である。サマーリンは、このような人々の一団を「ドイツ党（немецкая партия）」と呼んだ。

以上のように状況を説明したのち、この「第四の手紙」は、次のような読者への問いかけによって締め括られている。

ここに描いたすべてを理解し、良心に従って次の問いに答えていただきたい。貴方はドイツ党およびドイツ人のロシア人に対する組織的な憎悪の存在を信じるか否か。
もしここに紹介した問題が瑣末なものに見えるとすれば、リガには公正さを装いつつ、ここに挙げた多くの事実を目の当たりにしながら、ドイツ党は幻影にすぎず、ドイツ人のロシア人に対する敵意は我々によって捏造されたと主張するロシア人がいるということを認めることなのだ[110]。

このように、サマーリンはバルト・ドイツ人社会に張り巡らされた反ロシア的な組織的な敵意の存在を指摘した。また興味深いことに、控え目ながら、こうした状況に関して、サマーリンは、「陰謀（заговор; интрига）」という言葉を頻繁に使用している[111]。一八四〇年代という時点で彼がどのような思い入れでこれを用いたのかは定かではない。ともあれ、これは一八六八年に発表した『ロシアの辺境』の中心的概念、「ドイツ人の陰謀（немецкая интрига）」として展開され、ロシア内外に大きなセンセーションを惹き起こすことになる。

5 「偽」の忠誠

第一から第四の「手紙」においてサマーリンは、バルト・ドイツ人のロシア人およびロシア国家に対する敵対性を指摘した。「第五の手紙」では、その敵対性にもかかわらず、なぜ彼らが「忠実な臣民」なのかという問題について考察している。「第三の手紙」でバルト・ドイツ人の「根なし草」性が指摘されていたが、ここでもそれが批判の俎上に載せられている。
確かにバルト・ドイツ人は、ドイツ人の血統、ドイツの伝統と文化を受け継ぐドイツ人である。しかし、彼らはプロイセンやオーストリアといったドイツ系の国民などではなく、ロシア帝国臣民である。にもかかわらず、彼らは他の帝国内の民族が持ちえない特権を享受しているだけでなく、ロシア人を裏切るかのような振舞いさえ見せている。かといって、ポーランド人のように、具体的な反乱行為を通じて、民族的宿願を喧伝するわけではない。分離主義を唱えるどころか、一般的には、このうえなく忠実な帝国臣民であると見なされている。一八四〇年代にドイツ観念論とロマン主義の圧倒的な影響下にあったロシアの知的サークルにおいて、スラヴ主義という立場を選択し、ナショナリズムという近代的理念に魅かれていたサマーリンのような人物にとって、ロシア国民でもドイツ国民でもない、特定の民族性と一線を画するバルト・ドイツ人のような存在は、不愉快きわまりないものだった。
サマーリンは、バルト・ドイツ人のロシア国家への忠誠は「偽物」であると断言している。彼らが忠誠を誓うとき、常に次のような思想が垣間見えるからである。

忠誠は、特権の保護に対する感謝に基づく。つまり、特権に手をつけられない限り、バルト・ドイツ人は反乱を目論もうとは思わないし、モスクワに戦争を仕掛けることもない。また、プロイセン人を自分たちの領域に含めることもない(112)。

つまり、バルト・ドイツ人の忠誠心は特権維持に対するロシア政府への感謝の表れであって、単なる自己保存本能に発しているということである。その証拠として、サマーリンは、バルト・ドイツ人の特権階層が抱いている異様なまでの恐怖感を挙げている。

居酒屋に農民たちが集まって世間話を始めようものなら、正教への改宗を願い出ようという人が教会に五、六人も集まれば、あるいはロシア人聖職者の姿が目に入っただけで、地主たちは震えあがり、自分たちの生活が破滅しかかっている、とペテルブルクに書き送ったものである。彼らが、反乱だ、騒擾だと訴えるので、政府は慌てふためいた。さらには、興奮した民衆から身を守るため、コサック兵を派遣するようにと要求することさえあった(113)。

バルト・ドイツ人貴族などの特権階層は、常日頃から危機を身近に感じており、ロシア政府の後ろ盾がなくなれば、自分たちの生活が維持できなくなることを重々承知している。サマーリンは、結局のところ、彼らの誓う忠誠など、生き残るための方便にすぎないというのである。

6　バルト海沿岸地方における正教

「第六の手紙」では、バルト海沿岸地方における正教に対する妨害と、一八四一年から四八年にかけて発生したエストニア人とラトヴィア人の正教改宗運動に対する評価がなされている。これは、一般的に、改宗による経済的な利得をちらつかせた正教会の聖職者やロシアの工作員に唆された者が多かったことが運動拡大の原因であったといわれている。それゆえに、改宗後にそれらが虚偽であったことが判明したため、ルター派に再改宗を求める者が現れたともいわれている[114]。だがサマーリンは、そのような見方に与しない。正教への改宗は、あくまで自発的、自然発生的に始まったというのが、彼の基本的なスタンスである。サマーリンによれば、次のような事実も改宗後に判明したため、右のような「教唆説」には根拠がないという[115]。

誰も農民を教唆しなかっただけでなく、ロシア政府自身が農民の具体的な行動を妨げ、牧師と地主を安心させるためにあらゆる手を尽くして正教への改宗を妨害したのである[116]。

正教に反対する地主と牧師の陰謀（заговор）が仕組まれ、あからさまにルター派に肩入れする宣伝工作が行われている[117]。

ルター派の聖職者、貴族、地主こそ、警察官僚か裁判官であるかのように人々を中傷し、政府をだましつつ、正教への希求を権力に対する反乱や地主に対する陰謀（заговор）のように見せかけている張本人である[118]。

つまり、サマーリンによれば、エストニア人とラトヴィア人の正教改宗は、純粋な動機に基づいていたが、妨害工作を受けて頓挫したという。バルト海沿岸地方のルター派聖職者、貴族、地主だけでなく、ロシア政府の関係者まで妨害工作に加担したことで、改宗運動は潰えたというのである。

7　改革の必要性

最後の「第七の手紙」は、『リガからの手紙』のまとめであり、一八四八年時点でのオストゼイ問題に関する最終診断である。ここには、右の諸問題をふまえて、バルト海沿岸地方の抜本的な改革の必要性が示されている。

バルト・ドイツ人県のロシアの土地および政府に対する態度、ロシア人の状況はすべて不自然で欺瞞的であり、抜本的な改革を必要としている。[119]

『リガからの手紙』の中身を検討してきたが、その結論は、次のようにまとめることができよう。「バルト海沿岸地方は、ドイツ騎士団が進出してくるまで、精神的にも文化的にもロシアに近かった。それゆえにこの地方をロシアに組み込み、ともに歩んでいくことはロシアの歴史的使命である。支配階層を形成するバルト・ドイツ人がロシア国家に忠誠を誓いながら、特権的地位に固執しているのは、彼らの反ロシア的な心情を表している。そして実際にロシア帝国内でありながら、ロシア国家に敵対的な社会機構が存在している。ロシア政府はこうした状況を打破すべく、法的、社会的に、あるいは宗教的にも同地方をロシア帝国の秩序に組み込まなければならない」。これこそ、本書の著者が『リガからの手紙』から読み取ったメッセージである。

第四節　サマーリンとニコライ一世の対話——「帝国」対「ナショナリズム」

『リガからの手紙』は正式な刊行物ではない。それは手稿のまま、サマーリンが開いた講読会などで、貴族、知識人、官僚らのあいだで回し読みされた。それゆえに、当時、その内容を知ることができたのは、ごく限られた人々だけであった。また、当然ながら、書評などもない。よって、この書物が当時のロシア社会でどのように受容されたかを検証することは困難である。せいぜい、断片的な記録から、推測することしかできない。しかし、サマーリンがある程度の「手応え」を感じていたのは確実である。それを物語るエピソードのいくつかが、確認できる。

例えば、サマーリンは、府主教フィラレート[120]（一七八二―一八六七年）に『リガからの手紙』を届けるとともに、ラトヴィア人正教徒への庇護を依頼したことがある[121]。この時フィラレートは、サマーリンに賛同した。また、リガにロシアの商業学校を設立するファンドを立ち上げたい、と語ったという[122]。

また、サマーリンは、読者の反応のなかにも、大きな変化の予兆を感じとっていた。それは例えば、次の講読会の様子を回想しながら獄中で書きとめたメモ（一八四九年）からも読み取ることができる。

С・П・アプラクシナは、私に会うなり、……正教に関する政府の言語道断な行為を、日頃から尊敬しているような人がみずから擁護しているなんてとても理解できないといった。この強い叱責に対して、私は「第六の手紙」を読むように勧めた。そして、それを読んだ彼女は感銘を受けたのだった。メレンドルフ、ベルク、パーレンらと話しているうちに、彼女の考えに急激な変化が見られるようになった。彼らはその原因を間違いなく悟ったはずだ。そのとき、『リガからの手紙』が小役人の集まりから上流社会にまで広まり、政府から危険人物という誹りや疑惑を受けることがなさそうな人々にさえ影響を及ぼし得るのを初めて目の当たりにしたのである。これは、彼らに驚きと興奮を与えたのだ[123]。

ほどなくして『リガからの手紙』は政府の要人にも知られるようになった。サマーリンは『リガからの手紙』のコピーを複数の友人に渡していたが、彼らがサマーリンに無断で作成したコピーが出回ったためである[124]。一八四九年二月、沿バルト海総督スヴォーロフ、内務大臣レフ・ペロフスキー（一七九二―一八五六年）らも、『リガからの手紙』を知るところとなった[125]。特に親バルト・ドイツ人的な立場のスヴォーロフは、ただちに「反サマーリン闘争[126]」を開始した。エリート層にも、国家資産相のパーヴェル・キセリョーフ（一七八八―一八七二年）のように、思想的には、サマーリンに擁護的な人々もいなかったわけではない。しかし、実際に表立ってバルト・ドイツ人批判に加担しようとする者はいなかった[127]。やがてニコライ一世も事態を知るところとなり、同年三月、サマーリンは逮捕された。『リガからの手紙』を契機としてロシア人がバルト海沿岸地方に目を向けるようになり、状況が改善していくことを願った彼の期待は、儚く散ったのである。

本節では、この筆禍事件から垣間見えるロシア政府のバルト・ドイツ人との関係に関する論理を明らかにする。本章の第二節において、ロシア政府がバルト・ドイツ人の扱いに関して、神経質にならざる得ない背景について論じた。しかし、それはあくまで「外在的要因」にすぎない。ロシア政府がいかなる論理に基づいてバルト・ドイツ人に対峙したかは、当時者の言説そのものを分析しなければならない。

ロシア政府は、一八四八年革命に代表されるヨーロッパ社会の変動の伝播を恐れていた。西欧との接点に位置し、帝国秩序の要でもあったバルト海沿岸地方は、ロシア帝国の秩序を維持する砦となった。その意味で、一八四〇年代においてロシア帝国にとってのバルト海沿岸地方の重要性は、さらに増したといえよう。そのことを如実に物語るのが、本節で取り上げる「皇帝との面談[128]」である。これは、一八四九年三月、サマーリンが一二日間である。

この「面談」において印象的なのは、『リガからの手紙』とサマーリンに対するきわめて激しい口調でのニコライ一世の叱責である。ツァーリは、『リガからの手紙』のことを「一八二五年一二月一四日の「デカブリストの反乱」に匹敵する反逆行為」であると罵っている。[129] それほどの大罪にしては罰が軽すぎるという疑問[130]はさておき、皇帝が何に憤っているのかを確認したい。

彼のサマーリン批判は、次の二点に集約される。まず、『リガからの手紙』に、強制によってでもバルト・ドイツ人をロシア化すべきであるという主張が含まれている点である。こうした主張は、ロシア人とバルト・ドイツ人を反目させようとするものだとして、次のように、皇帝はサマーリンを非難している。

貴方〔サマーリン〕がドイツ人とロシア人を反目させ、仲たがいさせようとしているのは明白だ。彼らには互いに歩み寄ってもらわなくてはならないのに。……ドイツ人がロシア人にならなければ、ロシア人がドイツ人になってしまうと貴方はいう。荒唐無稽な話だ。ロシア人はドイツ人にはなりえない。だが、私たちは愛と穏健さをもってドイツ人に接し、彼らに歩み寄ってもらわなければならない。貴方が直接的な攻撃対象としたのは政府だが、ピョートル大帝の代から私の代にいたるまで、ドイツ人に囲まれてきたため、ドイツ化しているといわんばかりだ。何をしたか、わかっているのか？〈どうして貴方が政府に審判を下せるのか？　政府のほうが、内部情報も含めて、事情により通じているというのに〉貴方は反政府的な世論を喚起しようとしたのだ。すなわち、一二月一四日の再現を謀ったのだ。[131]〔〈　〉内は欄外への書き込み部分〕

もう一つは、ロシア政府がバルト・ドイツ人を優遇し、彼らのためにロシア人の利益を犠牲にしているという主張が含まれていることである。このような主張は、皇帝によれば、ロシア国民の政府への信頼を失墜させかねないものである。彼は単にバルト・ドイツ人の不興を買うことを嫌がっているのではなかった。彼らと政府の関係の実態がロシア中に知れ渡ることで、帝国内の住民からの怒りの矛先が政府に向けられるのではないかと懸念しているのである。

あの本〔『リガからの手紙』〕は一二月一四日以上に深刻な事態を招く可能性があった。なぜならあれは、国民の政府への信用、政府と国民の関係を断ち切りかねない代物だったからだ。なにしろあれは、政府がドイツ人のためにロシア人の国民的利益を犠牲にしていると非難しているのだから。[132]

松里公孝が論じているように、帝国という国家形態の本質の一つは、その領域内の多法域性（多様な法空間の統合）にある。[133]つまり、バルト海沿岸地方のようにロシア本国とは異なる法的秩序をもつ「国家内国家」は、帝国の本質を体現する存在である。そして本国と「国家内国家」の共存関係を維持していくことがニコライ一世の役割であった。そしてそれこそ、帝国統治の本道であった。それを貫くことで、皇帝が触れた「ドイツ人とロシア人の対立」を回避できるのである。

これに対してサマーリンは、バルト海沿岸地方のような「国家内国家」がロシア帝国の領域に存在していることと自体を問題視している。後にポーランド王国という別の「国家内国家」にも厳しい視線を向けたように、「国家内国家」批判はサマーリンの一貫した立場であるともいえる。しかし、歴史的にこの立場は、欧米でも国民国家的な統合が進む過程において「国家内国家」批判が現れてきたように、帝国に対する挑戦とみなされうる。サマーリンは帝政打倒を主張するような政治思想家ではない。しかし、彼の主観的な思い入れとは関係なく、彼の「国家内国家」批判は、帝国に対する挑戦と受け止められるしかなかったのである。

欧米における「国家内国家」批判の一例として、連邦形成途上のアメリカにおけるフェデラリストの言説を挙げることができる。連邦国家の主権を承認しつつ個々の邦の利益を手放そうとしない人々のことを、アレクサンダー・ハミルトン（一七五五—一八〇四年）は「帝国内帝国（*imperium in imperio*）という政治的怪物を盲目的な献身により育てようとしている」[134]〔強調原文〕と批判したのであった。

ドイツでは、フランス革命の衝撃を受けたヨハン・ゴットリープ・フィヒテ（一七六二—一八一四年）が、国民の一部でありながら、多数派の一般的国民とは無縁の存在であるどころか、対立ないしは敵対する利害を持つ集団（ユダヤ人、軍人、貴族）のことを「国家内国家（Staat im Staate）」と呼んで非難した[135]。フィヒテによれば、一般的な法律が適用されず、独自の裁定が優先されるため、一般的国民とは切り離された利害やモラルを持つようになるこれら特権階層は、「国家の中での危険な国家[136]」なのである。

要するに、「国家内国家」あるいはそれに類似した表現は、一八—一九世紀の欧米における国民統合言説に見られた。それらは、一般国民とは別個の利害と論理をもつ階層、集団、個人[137]、内なる国民の敵を表す語として使用されたのである。よってサマーリンの「国家内国家」批判も、ハミルトンやフィヒテと同様に、一元的なロシア国民統合の言説と見なされても当然であった。サマーリン逮捕の背後には、国家統合のあり方をめぐる一元的な国家を指向するナショナリズムと帝国の多法域主義の対立が潜んでいたのである。

付言すれば、ロシアで公然たる「バルト・ドイツ人＝国家内国家」批判が登場するのは、次章で論じる一八六〇年代後半の「出版戦争」においてである。オストゼイ問題が浮上する契機となったこの過程で、例えばカトコーフは、次のように述べて「バルト・ドイツ人＝国家内国家」を攻撃している。

統一性のある国家には、いかなる多様性であれ、許容できる懐の深さがある。しかし、いかなるものであれ、国家内国家（государство в государстве）には我慢できないのだ。たとえ国の一部だとしても、政治的な民族性（политические национальности）がいくつも構成されることに対して寛容ではありえないのだ。[138]

一八四〇年代後半においてはまだ、このような批判が公然と行われるような環境は整っていなかった。その結果がサマーリン逮捕である。先行研究では、ニコライ一世はただ現状維持を望んでいたという説明がなされている場合が多い。[139]しかし、ことはそれほど単純ではない。というのは、一八四九年以降、ニコライ一世は、徐々にではあるが、バルト海沿岸地方における改革に着手していたからである。同年のリフラント県における農民改革では、貸借関係が規制され、農民の労働地代が貨幣地代に改められ、農民の経済的利益の促進が図られた。一八五六年には同様の改革がエストラント県でも行われた。[140]そのほか、ニコライ一世は、バルト海沿岸地方の官吏全員に対し、ロシア語学習を奨励する政令（一八五〇年）を出している。[141]

ニコライ一世が持っていたであろう、これらの改革の先にある具体的なイメージについて、これ以上論じる史料を著者は持ち合わせていない。しかし、帝国統治の本質、ポーランド王国という他の「国家内国家」との緊張関係などを考慮すれば、あくまでも「国家内国家」との共存を前提とした改革であることだけは確かであろう。

小括

以上のように、『リガからの手紙』は、ロシア人によるものとしては史上初の、バルト海沿岸地方の実態を告発しようとする試みであった。一八四〇年代後半のロシアでは、その告発自体が大事件になりえただけでなく、ロシア政府のスラヴ主義者への厳しい視線、ヨーロッパにおける革命的状況、そしてヨーロッパの帝国秩序の破壊を求めるスラヴ諸民族の運動の活発化といった当時の状況と相まって、ロシア政府内から厳しい反応を引き出すことになった。そしてサマーリンは逮捕され、ロシア皇帝から直々に叱責されることになった。その帰結として、バルト海沿岸地方に関する批判的な言説は、少なくともロシア国内においては、一八六〇年代後半まで、鳴りをひそめることとなった。

その一連の過程の根底にあるのは、帝国の統治原理とそれと対立関係にならざるを得ないナショナリズムの相克である。すなわち、「国家内国家」を包摂した多法域性を本質とする帝国と、「国家内国家」をロシアの国民統合の敵と見なすロシア・ナショナリズムの対立である。それゆえに『リガからの手紙』の一件は、単なる筆禍事件に収まらぬ、ロシア帝国のアキレス腱を衝くような政治的事件だったのである。

その後、バルト海沿岸地方に関する批判的言説は公の場から消えた。その一方で、一八四〇年代末から五〇年代にかけて同地方で様々な改革が着手された。しかし、十分な成果が上がったとは言い難い有様であった。現地のバルト・ドイツ人貴族には、改革は不評であった。また、中央政府が出した法令・政令の類は軽視され、後にサマーリンが『ロシアの辺境』で嘆いたように、ことごとく「死文[142]（мертвые буквы）」と化したのであった。こうしてバルト海沿岸地方における改革は、実のある成果が上がらない状況のまま、ロシア社会は一八六〇年代を迎えるのである。

(1) 御子柴 二〇〇三、一八八頁参照。
(2) 清水 一九九一、五九頁。
(3) Назарова 1998. С. 18.
(4) 一八五二年、『リガ市の歴史』は、当時の内務大臣レフ・ペロフスキーの計らいで、『リガ市の社会構造』という表題で出版されたことがある。ただし、二五部しか印刷されなかった。また、事実上、内務大臣の執務室でしか閲覧できなかった。См.: Скороходова 2013. С. 121.
(5) Йосифова 1990. С. 9.
(6) Самарин, Д. Ф. 1889. Т. 7. С. L.
(7) Давыдов 1877. С. 43.
(8) 松里 一九九八、一〇八頁。
(9) См.: Воронин 2005. С. 482.
(10) Давыдов 1877. С. 44.
(11) См.: Скороходова 2013. С. 271.
(12) 竹中 一九九九、七六—九一頁。
(13) 同右、八七頁。
(14) Самарин 2008. С. 357.
(15) Там же. С. 358.
(16) Walicki 2005. p. 93.

（17） Самарин 1898. Т. 9. С. 441–455.

（18） サマーリンの『ロシアの辺境』出版にかける熱意は、次のドミトリー・ミリューチンに協力を要請する手紙（一八六九年日付不詳）からも窺える。「私は今、リフラント県の農民の生活が漸次的に悪化していった歴史を書いていて、一八四〇年代まで書き終えました。かなり多くの資料が集まりましたが、必要なものすべてが揃ったわけではありません。……最後にして唯一の希望は、国家財産省です。ここのファイルに必要な文書が保管されているはずです。ゼリョーヌィ〔アレクサンドル・ゼリョーヌィ（一八一八―八〇年）。当時の国家財産相〕が親切にとり計らってくれたので、当然喜んで直接、彼のところに赴くべきですが、私の請求が聞き入れられる可能性を彼が把握しているのかどうか、わかりません。また、彼も私に断りを入れるのは嫌でしょう。これが貴方に仲介をお願いする理由です」（ОР РГБ, ф. 169, к. 74, ед. хр. 43, л. 3)。

（19） 定款（Устав Прибалтийского православного братства во имя Христа Спасителя. ОР РГБ, ф. 265, к. 93, ед. хр. 1, лл. 41–42.）によれば、バルト海沿岸地方における㈠教会の建立、㈡既存の教会の修復と再建、㈢学校の建設、教会およびその他の関係団体の組織化、㈣子供の養護施設の設置、㈤宗教書および他の有益な図書のラトヴィア語訳およびエストニア語訳、㈥中等・高等教育向けの教科書の編纂、㈦正教徒の生活援助、などを行うとされている。

（20） ОР РГБ, ф. 265, к. 93, ед. хр. 1, лл. 1–4.

（21） Кошелев 1991. С. 175.

（22） Мещерский 2003. С. 472.

（23） スラヴ派の歴史家、文献学者。プーシキン、アレクセイ・ミハイロヴィッチ帝、デルジャーヴィンなどの一七世紀から一九世紀のロシア文学やロシア史の原資料を『ロシアのアーカイヴ』などで公刊した出版活動で知られている。

（24） См.: Афанасьев 2007. С. 712.

（25） Thaden 1974. pp. 408–409.

(26) ОР РНБ, ф. 16, ед. хр. 76, л. 79.
(27) См.: Православие и лютеранство 1911. С. 32.
(28) Merkel 1797.
(29) 今村 一九九五、一九六頁。
(30) 同右、一九七—一九八頁参照。
(31) 主なものとしては、次のものがある。Fircks 1804; Tiebe 1804; 1805.
(32) Гарлиб Меркель 1871. С. 1010.
(33) Petri 1802.
(34) Merkel 1814.
(35) Merkel 1820.
(36) См.: Гарлиб Меркель 1871. С. 1012.
(37) Гаврилин 1999. С. 74.
(38) Там же. С. 94.
(39) LVVA, ф. 3, оп. 5, д. 2041, л. 33.
(40) См.: Гаврилин 1999. С. 107–110.
(41) См.: Там же. С. 121–123.
(42) См.: Там же. С. 157.
(43) См.: Там же. С. 155–167.
(44) См.: Там же. С. 170–173.
(45) LVVA, ф. 3, оп. 5, д. 1926, л. 6.
(46) Там же. なお、この資料には、ルター派以外の宗教、宗派からの正教への宗旨替え状況も、左のように記録されている。ただし、дのように、状況が想像しがたいケースも記録されている。

		男	女
а	ルター派信徒	八一	一一六
б	分離派信徒	四二	二九
в	ユダヤ教徒	五	四
г	イスラム教徒	一	〇
д	分離派から旧教派への宗旨替え	三二	一三
	合計	一六一	一六二

(47) Майков 1905. С. 90.
(48) Там же. С. 90.
(49) Там же. С. 91.
(50) Там же. С. 91.
(51) Там же. С. 92.
(52) Гаврилин 1999. С. 134.
(53) Чумиков 1890. С. 60.
(54) Там же.
(55) Самарин 1868. Вып. I. С. 57.
(56) 良知 一九七九、一一頁。
(57) LVVA, ф. 3, оп. 5, д. 591, л. 1.

(58) LVVA, ф. 3, оп. 5, д. 591, л. 2.
(59) Гаврилин 1999. С. 173.
(60) 一八四六年にキエフでニコライ・コストマーロフ（一八一七―八五年）らを中心に結成された秘密結社。詩人のタラス・シェフチェンコ（一八一四―六一年）も参加していた。結成から一年足らずで解体に追い込まれたが、ウクライナ民族運動の発展に多大な影響を与えたとされる。См.: Белякова, Токарева 2015. С. 87.
(61) Назарова 1998. С. 99.
(62) См.: Чукарев 2005. С. 538.
(63) См.: Там же. С. 539.
(64) Аксаков 2002. С. 351.
(65) 勝田 一九六一、四八二頁参照。
(66) Milojković-Djurić 1994, p. 67.
(67) Федерализм 1997. С. 164.
(68) Русская философия 1999. С. 363.
(69) Политология 1993. С. 238.
(70) Федерализм 2000. С. 368.
(71) См.: Дьяков 1993. С. 37（ディヤコフ 一九九六、一〇五―一〇六頁）.
(72) См.: Прокудин 2007. С. 16.
(73) Бакунин 1935. Т. 4. С. 160.
(74) 一九二一年、『告白』は歴史家ヴャチェスラフ・ポロンスキーによって公開された。当時は、バクーニンの革命運動史における位置づけについて論争が行われていた時期であり、大反響を呼んだ。バクーニンは随所にニコライ一世に阿るかのようなフレーズをちりばめ、末尾には「悔悟する罪人」と署名していたが、それらは革命家にふさわしくない態度として批判された。例えば、紹介者のポロンスキーは「堕落」と断罪している。また、その後のソ連史学におけるバクーニン批判で、『告白』はしばしば格好の攻撃材料となった。しかし、このような評価は、ロシア革命運動史の「神話」化過程で、例えば「「人民の意志」党員を救うために自分を犠牲にした」というチェルヌイシェフスキーのように、自己犠牲的な殉教者のような革命家像が肯定的に評価されたことと無関係ではあるまい（山本 二〇〇三a、五八—五九頁参照）。しかし、このような一面的な評価はもはや無効であろう。一九二〇年代の論争に参加していたアナーキスト、アレクセイ・ボロヴォイやニコライ・オトヴェルジョンヌィ、あるいは現代のバクーニン研究者であるユーリー・ボリショノクらが述べているように、『告白』には同志を売るような記述がなかっただけでなく、バクーニン自身が同文書によって何らかのメリットを享受したという事実もないからである（См.: Боровой, Отверженный 1925. С. 28; Борисёнок 1997. С. 46–50）。そうである以上、『告白』をもってバクーニンの革命性を否定する見解は、単なる精神論以上のものではないと言わざるを得ない。

(75) Бакунин 2000. С. 331.
(76) Бакунин 1935. Т. 3. С. 301–305.
(77) 山本 二〇〇三b、三二三—三二五頁参照。
(78) Самарин, Ю. Ф. 1889. Т. 7. С. 4.
(79) 鈴木 二〇〇〇、六頁。
(80) Самарин, Ю. Ф. 1889. Т. 7. С. 4–5.
(81) Там же. С. 7.
(82) Там же. С. 18.
(83) Там же. С. 21.
(84) Там же. С. 22.
(85) 松里 二〇〇八、六五頁参照。

(86) Самарин, Ю. Ф. 1889. Т. 7. С. 22.
(87) Там же. С. 23.
(88) Там же. С. 23.
(89) Там же. С. 23–25.
(90) Там же. С. 25–26.
(91) Там же. С. 26.
(92) Там же. С. 31.
(93) Там же. С. 36.
(94) Там же. С. 39.
(95) Там же. С. 41–42.
(96) Там же. С. 42.
(97) Там же. С. 43.
(98) Там же. С. 44.
(99) Там же. С. 33.
(100) Напр.: Йосифова 1990. С. 11.
(101) Самарин, Ю. Ф. 1889. Т. 7. С. 78.
(102) Там же. С. 78–79.
(103) Там же. С. 86.
(104) Там же. С. 94.
(105) Там же. С. 85.
(106) Там же. С. 85.

(107) Там же. С. 93.
(108) Там же. С. 98.
(109) Там же. С. 104.
(110) Там же. С. 105.
(111) Там же. С. 98, 102, 103.
(112) Там же. С. 112.
(113) Там же. С. 113.
(114) См.: Православие и лютеранство 1890. С. 12; Эсты и латыши 1916. С. 161; Haltzel 1981. p. 123.
(115) Самарин, Ю. Ф. 1889. Т. 7. С. 136.
(116) Там же. С. 140.
(117) Там же. С. 142.
(118) Там же. С. 143.
(119) Там же. С. 159.
(120) 俗名ワシーリー・ミハイロヴィッチ・ドローズドフ。一八二六年、府宗教に昇進して以降、フィラレートはロシアで最も影響力の強い教会関係者となった。単に教会行政や教義に関する問題のみならず、社会や国政に関する問題についても、大きな影響力を有していたと言われている。См.: Лебедев 2009.
(121) Самарин 1911. Т. 12. С. 397.
(122) cf. Christoff 1991. p. 144.
(123) ОР РГБ, ф. 265, к. 85, ед. хр. 2, л. 1.
(124) ОР РГБ, ф. 265, к. 85, ед. хр. 2, л. 2.
(125) РГАДА, ф. 1277, оп. 2, ед. хр. 2, лл. 1–2.

（126）Скороходова 2013. С. 125.
（127）Там же. С. 124.
（128）「皇帝との面談（Разговор с Государем）」と題されたメモは、ロシア国立図書館手稿部にあるサマーリン家の文書の中（ОР РГБ, ф. 265, к. 85, ед. хр. 2, лл. 2–3）に残されている。また、ボリス・ノリデの『ユーリー・サマーリンとその時代』（初版一九二六年）等でも紹介されている（Нольде 2003. С. 55–57）。しかし、ノリデの著書には欄外の書き込みは収録されていない。それゆえに、本書ではロシア国立図書館手稿部所蔵のものを参照した。
（129）ОР РГБ, ф. 265, к. 85, ед. хр. 2, л. 3.
（130）本文でも述べたように、サマーリンは逮捕後、政治犯の収容所として悪名高いペトロパヴロフスク要塞監獄に一二日間ほど拘留されただけである。五人が死刑、一〇六人がシベリアに流刑されたデカブリスト事件に匹敵する罪に対する罰としては、軽微と言わざるを得ない。ニコライ一世はその「理由」として、「貴方のことは知っていた。能力も、そして両親の厳格な方針にしたがって教育されたことも。しかも貴方は善良な心の持ち主だし、殺すのは惜しい」と述べている。ОР РГБ, ф. 265, к. 85, ед. хр. 2, л. 3.
（131）ОР РГБ, ф. 265, к. 85, ед. хр. 2, л. 2.
（132）ОР РГБ, ф. 265, к. 85, ед. хр. 2, л. 3.
（133）松里二〇〇八、四二頁。
（134）Hamilton, Madison, Jay 2003, p. 66（ハミルトン、ジェイ、マディソン 一九九九、九三頁）.
（135）Fichte 1845. S. 152–153（フィヒテ 一九九七、二〇〇—二〇一頁）.
（136）Ebd. S. 153（同右、二〇〇頁）.
（137）付言すれば、「国家内国家」と目される主体は、集団や階層とは限らない。一個人が「国家内国家」と目されるケースもある。例えば、ロシア政府および正教会と対立するようになってからのレフ・トルストイ（一八二八—一九一〇年）がそうである。ニコライ・ベルジャーエフ（一八七四—一九四八年）が「トルストイは、ルソーがフランス革命に対して持ったのに劣らないくらい大きな意義を、ロシア革命に対して持っている」と述べたように、トルストイはロシア革命に重要な貢献をしたと考える人は多いが、それはロシア国内にありながら、ツァリーズムという最高権力に優る道徳的権威を誇っていたからである。トルストイは容赦なくツァリーズムを文筆で攻撃したが、ロシア政府は彼の国際的名声を恐れて、迫害を断念した。また、彼は革命的テロリズムに反対し、アレクサンドル二世暗殺に抗議の意を表したものの、ロシアにおける国家と教会の結託を批判し、その両者に対する反対者であった。そのマクシマリズム的な思想は、ロシアの革命勢力にも多大な影響を与え、トルストイはその中で「偉大なる老人」と呼ばれ、尊敬されていた。См.: Бердяев 1991. С. 283（ベルジャーエフ　一九九二、九二頁）。勝田　一九六六、一〇四―一〇五頁参照。オーバーレンダー　一九九〇、三頁参照。

（138）Катков 1897 [1868 г.]. С. 622.

（139）Михайлова 2007. С. 53.

（140）См.: Там же. С. 53.

（141）См.: Там же. С. 53.

（142）Самарин 1868. Вып. I. С. 115.

第Ⅲ章　一八六〇年代後半におけるオストゼイ問題の浮上

はじめに

本章は、一八六〇年代後半、ロシア社会にオストゼイ問題が浮上するに至る過程を明らかにすることを課題とする。前章で論じたように、サマーリンの『リガからの手紙』は、ロシア人によって書かれた史上初のバルト海沿岸地方の「実態」に関する暴露文書であり、ロシアのエリート層のあいだで大きな波紋を呼んだ。一八四九年三月のサマーリン逮捕以降、バルト海沿岸地方に関する批判的な言説は、一八五〇年代全般にわたって、ほぼ凍結されていた。

しかし、一八六〇年代以降、状況が変わる。大改革は、ロシア社会の様々な側面に多大な影響を及ぼした。その影響は、当然ながら、言論界にも及んだ。本書の冒頭で述べた大改革の自由主義的な理念によって、ロシアの知識人は、近代社会に相応しい言論活動のあり方の模索へと誘われたのである。そしてその過程でバルト海沿岸地方に関する言説も、ロシアの定期刊行物などの出版物に見られるようになったのである。また、第二次ポーランド反乱（一八六三―六四年）は、ロシア社会に反もしくは嫌ポーランド的なナショナリズムの言説がはびこる契機となった。その延長線上の一八六〇年代後半から七〇年代初頭にかけてのいわゆる「出版戦争」において、ロシアのジャーナリズムによるバルト・ドイツ人批判が盛大に行われた。そしてそれは、ナショナリズム的な情念を伴いつつ行われたのであった。

オストゼイ問題とは、これら一連の過程のなかで構築されたものである。本章が対象とするのはこの過程そのものである。具体的には、オストゼイ問題に関する論戦の頂点とされるサマーリンの『ロシアの辺境』第一分冊（一八六八年）の登場までを論じる。それによって、この問題の浮上を促した諸要因を明らかにする。一八六〇年代初頭までのバルト・ドイツ人に対するロシア社会の眼差しがどのようなものであり、その後のロシア内外の情勢によって、それがどのように展開したかを明らかにするのが、本章の課題である。

第一節　一八六〇年代前半までのバルト・ドイツ人に対する眼差し

前章で論じたように、『リガからの手紙』は、次の理由により危険視された。すなわち、同書の記述がロシア国家の権力中枢に隠然たる力を有していたバルト・ドイツ人や彼らを擁護するグループを非難すると同時に、ロシア人とドイツ人の対立を煽りかねない主張にもとづく批判と見なされたのである。

しかし、注意すべきは、この批判が一八四〇年代末という時点では、いささか先走った批判だったことである。確かに『リガからの手紙』はバルト・ドイツ人を批判対象としているため、ドイツ人というある民族（ネーション）を攻撃しているかのような印象を与えることは否めない。ところが、サマーリンが批判したバルト・ドイツ人は、ドイツ民族一般とは区別される集団であった。一八六〇年代以降、バルト・ドイツ人はロシア帝国を内側から揺るがしかねない危険な民族問題と見なされることが多くなった。しかし、一八四〇年代、あるいは一八六〇年代初頭において、バルト・ドイツ人は、そのような民族問題の主体とは見なされていなかったのである。つまり、ニコライ一世が『リガからの手紙』に対して示したような懸念は、一八四〇年代においては、決して一般的なものではなかったのである。

では、一八四〇年代におけるバルト・ドイツ人とは、どのような存在だったのか。ロシア社会において、どのような眼差しが向けられていたのか。それを物語る一八四〇年代の、筆者の知る限り唯一の素材である『リガからの手紙』において、バルト・ドイツ人の一般的傾向として、サマーリンは次のように述べている。

> ……バルト・ドイツ人はロシアを祖国とみなしていない。彼らは、我々と同じ意味での祖国をもっていない。祖国の代替物として、市民層は彼らが市民権を享受する都市を、貴族層は身分と世襲領地をもっている。つまり、いずれにしても、彼らがもっているのは抽象化された祖国である。……彼らの祖国は、プロイセンでもなければ、オーストリアでもライン地方でもない。生身のドイツ的なものが抽象化されたゲルマン世界一般なのである。[1]〔強調引用者〕

ここで窺えるのは、サマーリンが批判したのは、彼らがロシアにもドイツにも祖国という「根拠」を持たない人々だということである。前章で見たように、バルト・ドイツ人は、ロシア帝国を祖国として承認するどころか、ロシアの統治機構や法制への服従すら疑わしい集団であった。その一方で、ロシアからの分離を堂々と主張するわけでも、プロイセン、オーストリアといった具体的なドイツ系国家への帰属を求めようとするわけでもなかった。つまり、バルト・ドイツ人は、ロシア帝国の臣民ではあっても、ロシア人（русские）ではない。また同時にドイツ・ナショナリズムを自覚するドイツ人でもないのである。彼らは、ロシア帝国内に居住し、ドイツ人の血を受け継いでいるが、特定のナショナリティに自己同一化しない「根なし草」のような集団である。このように、『リガからの手紙』を書いた頃のサマーリンが憤っていたのは、民族問題の主体としてのバルト・ドイツ人というより、根拠なく漂う「根なし草」のようなコスモポリタンとしてのバルト・ドイツ人だったのである。

当時、「バルト・ドイツ人＝根なし草」という見解は、サマーリン独自のものではなかったことも確かである。少なくとも一八六〇年代前半までであれば、ロシアの主要な定期刊行物において、一般的に見られた見解である。一八四九年のサマーリン逮捕の後、バルト・ドイツ人に関する批判的言説そのものが見られなくなった一八五〇年代についてはともかく、大改革以降になると、サマーリンと同じバルト・ドイツ人観を共有する人々の言説も、表に出てくるようになった。その一人がイヴァン・アクサーコフである。一八六二年六月二日付の『日』紙に掲載された論文で、彼は、バルト・ドイツ人がロシア社会において、その国家への「忠誠」と「献身」によって高い評価を得てきた人々であることを認める一方で、彼らにはロシア人として受け入れ難い要素があることも指摘した。アクサーコフは、次のように述べて、バルト・ドイツ人のロシア国家に対する忠誠心なるものが、彼やサマーリンのようなスラヴ主義者がロシアに対して抱く愛国心とは本質的に異質なものであると主張したのである。

我々はドイツ人のことを忠実な、献身的な人々と呼んでいる。……ドイツ人において、そうした感情は真摯なものであり、虚偽ではないことは確かだ。しかし、その根源は、ロシア人の場合とは異なっている。ドイツ人の場合、それはある政治的確信にすぎないのだ。それは構築され、一貫した一つの体系なのである。[2]問題は、ロシア皇帝に対して献身的な彼らが、同時にロシア民族を死に追いやる戦いを呼びかけているらしいこと、そしてロシア国家の忠実な僕である彼らが、ロシアの大地を知ろうとしないことである。彼らにとって、ロシアはロシア帝国として存在しているだけであって、ルーシ（Русь）、すなわちロシアの大地としてではないのだ。ルーシの加護のおかげで、異なる地域、人々、民族が共存できることを彼らは理解していない。彼らがロシアに教え込もうとする理想とは、国民性（*народность*）とは無関係な、抽象的な国家理念の具現化である。……「国家こそすべて。国家以外は無」。これこそバルト・ドイツ人の信念なのだ！[3]〔強調原文〕

イヴァン・アクサーコフ（1823-86年）

ホミャコーフ、コンスタンティン・アクサーコフらに代表される初期（古典的）スラヴ主義者[4]、あるいはサマーリンやイヴァン・アクサーコフのように、初期スラヴ主義者の理念を直接継承した者たちに特徴的なのは、国家の必要性は承認しつつも、根底的な部分で国家原理に批判的な政治哲学である。彼らにとって国家とは、多かれ少なかれ、諸々の利害関係、暴力、強制からなるものであり、人工的で非人間的なものである。それは「人間の強制的統一」の原理（＝カトリシズム）を体現化したものにほかならなかった。だから、彼らの目には、原子論的な個人主義に立脚しながら、強制的な国家原理によって束ねられた西欧社会は、このうえなく不道徳で病んだ社会に映ったのである。

国家原理に対して、初期スラヴ主義者は、信者全員が自由に表明する非個人主義的かつ相互的な愛にもとづく統一の原理（ソボールノスチ）に裏付けられた正教信仰を対置した。そして生活文化基盤として、正教信仰を基盤とする農村共同体を賞揚した。彼らは、これこそ、「自由の民」であるロシア＝スラヴ人にふさわしい統合原理であって、国家原理は真っ向から相反するものと考えた。要するにスラヴ主義者は、少なくとも初期においては、国家を承認するとしても、その「不道徳性」に自覚的であって、必要悪として認めていたにすぎなかった(5)。

バルト・ドイツ人の非民族的なあり方、すなわち「オストゼイ・コスモポリタニズム（остзейский космополитизм）」についての指摘は、スラヴ主義者以外の論者によってもなされている。西欧派的な保守主義者、国家主義者のカトコーフがそうした論者の代表的人物である。彼がバルト海沿岸地方について論じた重要な主題の一つは、この地方の「ゲルマン化」であった。一八六四年五月一六日付の『モスクワ報知』に掲載された論説で、ルター派総監督のヴァルターがバルト海沿岸地方の「ドイツ的性格」とエストニア人とラトヴィア人の「ゲルマン化」に執着しているとして、その動向を批判した。その際、カトコーフは、次のように述べて、バルト海沿岸地方における「ドイツ民族性の不在」を主張した。

> リフラント県は、バルト地域の他の県と同様に、ドイツ的な地方（край немецкий）とは呼べない。なぜなら、そこでドイツ的なものは、騎士道や都市の諸階層に見られるにすぎないからである。この県でドイツ人の国

民性（немецкая народность）に関する話が出てくることはないし、またそれはありえないことである。……オストゼイ諸県におけるドイツ的要素がドイツ民族（немецкий народ）のことだったことはない。同県では、それは上流階層とドイツ語会話のことを指しているにすぎない。つまり、それは表層的なものにすぎないのだ。[6]

この論説は、当時、高まりつつあったドイツ統一の動きに呼応して、一部で見られたバルト海沿岸地方のドイツ化論を批判したものである。ただし、指摘しておかなければならないのは、彼はドイツの影響自体を否定しようとしたわけではないことである。カトコーフがこだわっていたのは、いくらバルト海沿岸地方でドイツ系住民が支配階層を構成していようとも、現地がロシア・ナショナリズムではなく、ドイツ・ナショナリズムの支配下にあるかのような言説は許されないということであった。この論説には、従来のバルト・ドイツ人のあり方、ロシアとバルト海沿岸地方の関係が変化することに対するカトコーフの懸念が表明されている。つまり、彼は、バルト・ドイツ人が民族的主体としてロシアと対峙し、ロシアにドイツ民族問題が生じるのを危惧しているのである。

ただし、オストゼイ・コスモポリタニズムに対する態度は、カトコーフとスラヴ主義者たちでは、異なる部分がある。前述のように、スラヴ主義者はバルト・ドイツ人の国家原理崇拝を訝しんだ。それに対してカトコーフには、国家崇拝そのものに対する批判は見られない。それは、彼の政治思想の骨格を形作っていたのが、後に「ロシア国家性理論（теория российской государственности）」と呼ばれる特異な国家主義だったからである。

この理論については後述するとして、さしあたり重要なのは、カトコーフが「ある社会層を一つの民族として承認するということは、彼らに自由を許与するのではなく、権力と強制力を与えることだ」[7]と述べて、民族あるいは民族性を国家的、政治的概念と規定したことである。スラヴ主義者は、民族あるいは民族性を文化的概念ととらえ、それを基盤とする共同性を伴わない国家原理への跪拝を嫌悪した。先に見たように、彼らにとって国家が人工的かつ暴力的なものでしかない以上、民族的（文化的）共同性を伴わない国家原理への跪拝は、血の通わない剥き出しの暴力と強制への服従を意味するからである。これに対してカトコーフの国家主義には、「国家への従属、すなわちその国家における支配的民族への従属」という論理が含まれている。それゆえ国家原理そのものは、批判の対象とはならない。彼にとって問題となるのは、その支配的民族が「ロシア人か、非ロシア人か」だけである。

　スラヴ主義者とカトコーフの思想的相違については第五章で詳述するとして、ここでは、両者の国家観の違いは、「ルーシ・ナショナリズム（русский национализм）」と「ロシア・ナショナリズム（российский национализм）」の違いに帰するという点だけ確認しておきたい。近年のロシア帝国研究において特に強調されているように、イヴァン・アクサーコフらスラヴ主義者がロシア帝国の統合原理として想定していたのは、「ルーシ」という特定のエスニック集団を中心とする統合であった。つまり、彼らのナショナリズムは、エスノ・ナショナリズム的な性格が強い。これに対してカトコーフは、民族や文化的要素に対して価値観的に中立の立場をとる国家を中心として、種族の差を超越した概念である「民衆（народ）」を基盤とした統合を構想した。[8] つまり、後者の立場は、今日でいえば、「公民的ナショナリズム[9]（civic nationalism; гражданский национализм）」に近いものだともいえよう。

　しかし、このような根本的な相違はあっても、スラヴ主義者とカトコーフは、バルト・ドイツ人は民族にあらざる存在であるという認識において、一致していた。さらに付言すれば、この認識は、バルト・ドイツ人自身のコスモポリタンとしての自己認識でもあった。後に過激なサマーリン批判で物議を醸すことになるバルト・ドイツ人学者、カール・シレン（一八二六―一九一〇年）の著書、『サマーリン氏へのリフラント の返答』には、次のような箇所がある。

ロシアは、我々の祖国になりえない。……ドイツもまた祖国ではない。つまり、我々の祖国はどこにもないのだ。我々はヘイロテス〔古代スパルタの奴隷〕なのだ。[10]

これは、後述するように、サマーリンが『ロシアの辺境』で呈示した「ドイツ人の陰謀」論、すなわち「ドイツ人の民族的野望」という指摘に対する返答である。シレンにしてみれば、民族的な野望どころか、「忠実」なロシア帝国臣民であるバルト・ドイツ人は、例えば、レーチ・ポスポリータ[11]再興のため、反ロシア的陰謀を企てるポーランド人と同一視されることがあってはならないのである。しかし、一八四〇年代から六〇年代にかけてのロシア人にとって、「バルト・ドイツ人＝忠実な帝国臣民」という図式は、もはや信用に値しないものになりつつあった。確かに官僚や軍人を輩出し、長年にわたってロシア政府に忠実なバルト・ドイツ人の存在感は、実際に反乱を起こして見せたポーランド人のそれとは異なる。とはいえ、どこか信用ならない集団である点では、両者は五十歩百歩だったのである。この点については、後段で詳述する。

本節では民族問題の主体として浮上する前のバルト・ドイツ人に関する言説を見てきたが、少なくとも彼らを民族問題の主体となりうる民族集団と同定するものは見られなかった。良くも悪くもバルト・ドイツ人とは非民族的で、なおかつロシア政府に忠実な人々というのが、一八六〇年代初頭までのロシア社会における共通認識であったといえるだろう。

第二節　大改革と第二次ポーランド反乱

一八六〇年代後半のバルト海沿岸地方に関する論争で顕著だったのは、バルト・ドイツ人に何らかの民族問題の種を見出したかのような言説である。このような言説が一定の現実性を持ちえたのには、それ相応の内政的、外政的な背景があった。本節では内政的要因、大改革以後のロシア社会の変容を明らかにする。すなわち、大改革そのものがもたらした混乱、そして第二次ポーランド反乱がロシア社会に与えた影響、それらとロシア人のバルト・ドイツ人に対する認識との関わりを明らかにする。

大改革は、クリミア戦争（一八五三―五六年）を直接的な契機として始まった。この戦争の直接的な原因は、当時オスマン帝国領であった聖地エルサレムの管理権の問題であった。一八五二年、オスマン皇帝アブデュルメジド一世がルイ・ナポレオンの要求に応じて、この権利を正教徒から取り上げて、カトリック教徒に与えたことにロシアが反発したことに端を発する。

オスマン帝国領内の正教徒の保護者と称していたニコライ一世は、一八五三年からオスマンに圧力をかけたが、フランスとイギリスの支持を得ていたオスマンは、ロシアの圧力に屈しなかった。そのためロシアは、オスマンの宗主権のもとで自治を与えられていたモルダヴィアとワラキアに軍隊を派遣し、ザカフカースでも軍事行動を開始した。オスマン側もこれに応戦した。列強各国による調停も不調に終わり、一八五三年一〇月、オスマンはロシアに宣戦したのである。[12] このような経緯により、ロシア国内では愛国主義的な気運が高まった。とりわけスラヴ主義者は、クリミア戦争をスラヴ民族（正教徒）の解放戦争として賞揚した。中には前章で見たサマーリンのように、義勇兵として参戦を志願した者もいた。

しかし、戦争が政府あるいは国民に求める犠牲と負担が過大になるにつれて、戦争中にもかかわらず、政府を批判し、改革を要求する動きも現われた。イヴァン・トゥルゲーネフ（一八一八―八三年）、ミハイル・サルティコフ＝シチェドリーン（一八二六―八九年）、ニコライ・チェルヌィシェフスキー（一八二八―八九年）、ティモフェイ・グラノフスキー（一八一三―五五年）、アレクサンドル・コシェリョーフ（一八〇六―八三年）、ポゴージン、そしてサマーリンら、西欧派、スラヴ派、自由主義、保守主義、急進派といった立場に関係なく、現状批判の声を上げる、勇気ある知識人が登場してきたのである[13]。

そしてパリ条約（一八五六年）で敗戦が確定すると、改革を要求する声はさらに強まった。よく言われるように、この敗北は、単にロシアの南下路線が挫折したことを意味するにとどまらなかった。ロシアの後進性、近代化の遅れをロシア国民にまざまざと突きつけたのである。また、国内だけでなく、西欧に亡命中だったゲルツェンらによる国外からの言論活動と出版活動も、変革の気運を後押しした。彼とニコライ・オガリョーフ（一八一三―七七年）が一八五七年に創刊した新聞『コロコル（鐘）』は、非合法ルートを通じてロシアに持ちこまれ、大改革前期の世論に多大な影響を与えた。このように、ロシアにおいても、抜本的な改革の実施がもはや避けようがない気運が醸成されるにいたったのである。

大改革は、農民問題、財政、地方行政、都市行政、警察、司法、軍、教育、検閲など、様々な領域の旧弊にメスを入れた大事業であった。個々の改革の具体的な過程、内容については膨大な先行研究がある。しかし、本稿の主題からそれるので、その詳細には立ち入らない。ここで確認しておくべきことは、次の点であろう。すなわち、この一連の改革の過程で近代化が進んだ一方、他方では様々なロシア社会の病理が表面化し、その解決も喫緊の課題として浮上したことである。そのような病理の代表がポーランド問題であった。この問題は、帝国各地の民族、宗教、農民、革命など、様々な領域に関わる諸問題のマトリクスのごときものであり、特に第二次ポーランド反乱以降、ありとあらゆる問題がポーランド問題とのアナロジーで連想されるようになっていた。バルト・ドイツ人も同様にロシア社会で問題視されるようになったのである。

ただし、これらの改革のうち、検閲に関しては少々詳しく論じる必要がある。というのは、後述するように、バルト海沿岸地方への関心が高まったことに関して、ジャーナリズムにおける論戦は、きわめて重要な意味をもっていたからだ。ロシアの検閲政策は一八世紀以来の歴史がある。そのなかでも、ヨーロッパで発生した一八四八年革命は、ロシアの検閲史上でも重大な事件であった。それは、一八四八年から五五年頃にかけての、いわゆる「検閲テロルの時代」を招くきっかけとなったのである[14]。

しかし、クリミア戦争での敗北以降、検閲に関しても、改革を求める声が強まった。具体的には、検閲官が出版前に著作物を検討する事前検閲から、事後検閲（懲罰的検閲）への転換が要請されたのである。そして一八六五年四月六日に臨時規則[15]が制定された。これにより、ペテルブルクとモスクワの「出版者自身の希望でこれまでに刊行された、すべての定期刊行物」、「一〇印刷全紙以上の分量のすべての著作物」、「二〇印刷全紙以上の分量のすべての翻訳」は、事前検閲の対象から外され、事後検閲とされた[16]。また、全国の「すべての政府刊行物」、「アカデミー、大学、教育団体、教育組織のすべての出版物」、「すべての古典語で書かれた出版物およびそれら言語からの翻訳」、「図面、計画、地図」に関しても、事前検閲が免除されたのである[17]。

検閲改革がその後の言論・出版活動に与えた影響は、測ることの難しい問題である。しかし、検閲改革の影響とは断定できないが、それ以降のロシアにおいて、言論活動、出版活動が活性化したことは否めない。本章第四節で論じるように、一八六〇年代にバルト・ドイツ人が注目を浴びるようになった契機は、一八六〇年代後半から七〇年代初頭にかけて展開された「出版戦争」と呼ばれるロシアとバルト海沿岸地方のジャーナリズムによる論戦であった。少なくとも、活発な論戦の前提条件として、事前検閲の免除は重要であったと評価することは可能であろう。

検閲改革とともに重要な契機となったのが、一八六三年に勃発した第二次ポーランド反乱である。これ以降、ポーランド人に対する敵対的な言説が増加し、ロシア・ナショナリズムは高まりを見せた。もちろん、ポーランド問題だけにその要因を求めるのはおそらく正しくない。クリミア敗戦、大改革といった一連の過程のなかでロシア・ナショナリズムの展開を理解すべきである。しかし、第二次ポーランド反乱がその過程のなかでも決定的な一撃であったことは否めない。なぜなら、実際にこの反乱以降、異族人や辺境の問題が先鋭化したからである。とりわけ「西部辺境」において、民族問題が帝国秩序に対する脅威として警戒されるようになった[18]。

例えば、第二次ポーランド反乱の頃にデルプト大学（現在のタルトゥ大学）の学生だったバルト・ドイツ人フェルディナント・ウランゲリ（第四章で言及する著名な海軍将官フェルディナント・ウランゲリとは別人）は、二〇世紀初頭に発表された回想記において、この反乱が鎮圧された後、ロシア社会におけるバルト・ドイツ人に対する視線が明らかに変化したことを証言している。彼の目には、第二次ポーランド反乱がロシア人に自己意識の強化を促し、ひいては数世紀にわたってバルト・ドイツ人が享受してきた生活に終止符を打った事件として映っていたのである。

ロシア社会の自己意識の高まりは、ポーランド反乱の帰結である。カトコーフの巨大な才能を具現化した排他的な潮流は、ポーランド反乱後、オストゼイ地方にも及んだのである[19]。

ポーランド反乱の鎮圧とともに、『モスクワ報知』を代表者とする潮流が勢いを増すとともに、活気にあふれ、豊かだったこの地方の生活のすべてに終止符が打たれた。〔ロシア〕国家の礎が最終的に確立されたのである。ロシア帝国の全空間が画一化された制度で覆われた。すべての公共的な施設と学校は、ロシア語の導入が求められた。国家の粗雑な計画を実現しにくくしている特殊な法や特権はすべて否定された。要するに、ロシア化（русификация）が行われたのである[20]。

他者ないしは敵の存在は、国民という観念の形成において、「我々」という自己意識と不可分に結びついている。そして第二次ポーランド反乱以降のロシア社会にポロノフォビアが蔓延し、「ポーランド人＝国民の敵」というイメージが定着した。一九世紀後半のロシアでは、このポーランド人の敵性イメージがロシア・ナショナリズムを牽引する要因となったのである。

この敵性イメージの定着に関して象徴的なのは、カトリシズムに対するロシア側の視線の変化である。一九世紀前半において、カトリシズムがロシア人に一定の警戒心を呼び起こす存在であったことは確かである。その原因は、主にイエズス会の活動にあった。実際、イエズス会士は一八二〇年にロシア帝国領から追放された[21]。またこうした警戒感がよく表れた史料として「子弟のイエズス会系学校への国外留学禁止に関する沿バルト海総督の意見」（一八二二年）という文書が挙げられよう。同書で当時の総督フィリップ・パウルッチは、青少年がイエズス会系の「狡猾」な教師に有害な教説を吹き込まれる危険性を訴え、イエズス会士追放後も子弟を国外のイエズス会系の学校で学ばせているバルト・ドイツ人地主たちを批判している[22]。

しかし、イエズス会士の追放という措置は、ロシア帝国でのカトリック信仰の禁止を意味するものではなかった。一八二〇年以降も西部諸県を中心に活動していた修道会は、ドミニコ会、ベネディクト会、聖アウグスチノ会、フランシスコ会など、二〇以上にも及んだ[23]。要するにカトリシズムは、ポーランド人との密接な繋がりにもかかわらず、ロシア帝国内の宗教ヒエラルキーにおいても無視しえない、重要な地位を占めていたのである[24]。また、一九世紀半ばでも、カトリック教会を統制し、ロシア国内で何らかの位置づけを行うことは、重要な課題として認識されていた[25]。つまり、ロシア帝国の宗教政策において、カトリシズムは排除や弾圧の対象というよりは、正教と共存すべき宗派と考えられていたのである。

しかし、第二次ポーランド反乱以降、ロシア政府はこの課題も理念も放擲せざるをえなくなった。というのは、カトリシズムはもはや政治的に中立な宗教などではありえず、ロシアに敵対する宗派、すなわち、「ポーランド人の陰謀」の共謀者と見なされるようになったからである。それが率直に表現された例として、一八六三年から六五年にかけて北西部諸県総督であったミハイル・ムラヴィヨフ（一七九六—一八六六年）の報告書が挙げられる。彼は次のように述べて、カトリック教会の「政治性」を指摘したのである。

ローマ・カトリックの聖職者たちは、当初、民衆の恐怖心を煽っていたが、陰で反乱を支持していただけであった。しかし、最終的には、大胆にも公然と反乱を指揮するようになった。ローマ・カトリック修道院は、世俗の物事には不干渉という態度を装いながら、革命組織とプロパガンダの拠点となっていたのである[26]。

このように、第二次ポーランド反乱後、ロシア政府が「ポーランド＝敵」というイメージに象徴されるポロノフォビアに憑かれたことは疑いようがない。反乱鎮圧後、ロシア政府は西部諸県におけるポロニズム（ポーランドの言語、文化、社会等にわたる影響力の総体）との戦いに着手した。当時、ロシアとポーランドの境界線上には、発生論的にポーランド問題を起源とするウクライナ問題[27]、ベラルーシ問題[28]といった新たな民族問題が生起しつつあった。ポーランド民族運動に見られた嫌ロシア感情（ルソフォビア）は、これら民族運動のイデオロギーに影響を及ぼしていたのである[29]。

ロシア人のあいだでは、歴史的にウクライナ人やベラルーシ人は、ロシア人と不可分もしくは同一の民族《エトノス》と見なされてきた。ロシアでは、これらの民族を自分たちとは別個の民族と見なすことに抵抗感があったという指摘は多い[30]。しかし、伝統的に西部諸県に強い影響力を持っていたポーランド人が分離主義を隠さない政治的主体として浮上したため、ポロニズムからウクライナ人やベラルーシ人を「救」うことが、ロシア政府にとって喫緊の政策課題となったのである。ところが、逆説的にも、この「救済」活動は却ってウクライナ人やベラルーシ人の「他者性」を浮かび上がらせることになった。すなわち、ウクライナ人やベラルーシ人においても、自分たちはロシア人でもポーランド人でもない、別個の民族であるという意識が自覚されるようになってきたのである。これに対してロシア人は、この新たな民族運動の背後に「ポーランド人の陰謀」があるというイメージに囚われることになった。これを荒唐無稽な被害妄想と片付けられるような状況にはなかったことは、例えばカトコーフのウクライナ問題に関する次のような言葉が新聞『モスクワ報知』（一八六三年六月二一日付）に掲載された事実が物語っている。

陰謀を紡ぐ糸が、ますます露わになりつつある。親ウクライナ派が陰謀家の掌中にあるのは間違いない。親ウクライナ派は従順にも、ウクライナの宿敵の手足となって働いているのだ。わが親ウクライナ派も、自分たちがいかなる奈落の底に陥れられようとしているのか、思い直し、理解すべきときなのである。ポーランド人プロパガンディストのなかでも、とりわけファナティックな連中が、遅かれ早かれ、自分たちの事業に関わる特に重要な利を親ウクライナ派から得ようとしているのは明白であり、ウクライナ人の運動を喜び、全力で支えているにもかかわらず、多種多様な仮面で正体を偽っていることも間違いないところである。(31)

このように、一八六三年頃のロシア社会において、「ポーランド人の陰謀」によって西部諸県の諸民族の分離主義が強化されつつあるという陰謀論的言説は、ほとんど公的な性格を帯び、現実感さえも伴っていたと見なすことができる。このような状況に対して、イヴァン・アクサーコフのように、「ウクライナ問題＝ポーランド人の陰謀」という言説は、問題の核心から目をそらそうとするものであり、「無意識のうちにポーランド人の陰謀の手先となっている」と批判する者もいた。(32)彼はポーランド国家の「歴史的権利」(33)を認める立場から、ポーランド人そのものを危険視するというより、その背後にある「ヨーロッパの反ロシア的陰謀」(34)を敵視する論者であった。しかし、彼とて「ポーランド人の陰謀」を否定しているわけではなかった。

陰謀論が一定の現実感を伴っていく過程において、少なからぬ意味を持っていたと考えられるのが、一八六三年以降、第二次ポーランド反乱の最中のロシアで知られるようになった「ポーランド教理問答（Польский катехизис）」という文書である。これは、著名なロシアの革命家、セルゲイ・ネチャーエフ（一八四七—八二年）

らによって書かれたパンフレット、「革命家の教理問答[35]」と並ぶ「没倫理的扇動文書[36]」として、ロシア人の「ポロノフォビアの根源[37]」と称された悪名高い文書である。そしてロシア在住のポーランド人にとっては、祖国再興に向けた行動綱領であったという研究者もいる[38]。しかしこの文書の実在／非在を決定づける証拠は発見されておらず、真贋すら確定されていない。そうした事情により、過去の研究ではあまり触れられていない[39]。とはいえその実在／非在にかかわらず、『モスクワ報知』、『家庭の語らい』、『ロシアの廃兵』、『南西報知』など、複数の定期刊行物に掲載されたので、多くのロシア人読者に読まれた可能性は高い。ここでは「ポーランド教理問答」に対する知識人の反応を中心に、少々詳しく論じたい。

「ポーランド教理問答」に関して重要な知識人は、まずカトコーフである。彼は、一八六三年五月三〇日付の『モスクワ報知』の巻頭論文で、「ポーランド教理問答」の全文を掲載し、その危険性を訴えた。彼が特に注意を促したのは、「静かなる反ロシア的闘争」というこの文書が呼びかける闘争方針である[40]。これに列挙されたポーランド人が励行すべき事項の多くは、資産、教育、就職に関する心がけである。しかし、ロシアの役人になる者への「公金横領の勧め」など、目に付きにくいが、ことごとくロシアを弱体化するという目的とつながっている。

カトコーフ以外に、サマーリンも関心を示していたことは確実である。彼は、著書『イエズス会士とそのロシアへの態度』第三版（一八六八年）に、付録として「ポーランド教理問答」を収録した。ロシアにおけるカトリシズムを批判した同書に「ポーランド教理問答」を挿入した意図について、あるいはこの文書について、サマーリンは何も語っていない。しかし、これが最初に出回ってから約五年経過した時期にあえて自著で紹介したというエピソードは、サマーリンがこの陰謀文書に並々ならぬ関心を寄せていたことを想像させるに十分である。

また一八六八年は、サマーリンが『ロシアの辺境』第一分冊を出版した年でもある。後で論じるように、一八六〇年代のオストゼイ問題を取り上げた代表的著作物である同書の重要性のひとつは、バルト海沿岸地方で進行中だという「ドイツ人の陰謀」を摘発したことである。一八六八年のサマーリンが、いわゆる「ポーランド人の陰謀」を代表する文書を紹介しながら、「ドイツ人の陰謀」の暴露に関わる出版活動に従事していたとき、彼がどのような意図をもっていたのかは不明である。しかし、サマーリンは陰謀論的な刺激的かつ明解な言説を呈示することで、世論を自分の側に引きつけようとした、という推測は可能だろう。

それはさておき、ロシアにおける「ポーランド教理問答」の受容に関して重要な知識人として、ニコライ・ベルク[41]（一八二三―八四年）も挙げられよう。彼は、後にバルト・ドイツ人批判を展開した主要新聞の一つでもある『サンクトペテルブルク報知』の特派員として、第二次ポーランド反乱を現地取材したジャーナリストである。彼の取材記録は『一八三一年以降のポーランド人の陰謀と反乱に関する手記』（一八七〇―七三年）と題され、雑誌『ロシアのアーカイヴ』に長期にわたって連載された。そのなかでベルクは、若干ながら、「ポーランド教理問答」にも言及し、ロシア人読者にその意義を解説している。ベルクによれば、この文書はポーランド人のあいだに流布していたいくつもある綱領文書の一つで、著者も編者も不詳である。しかし、それはポーランド人の精神が具現化された文書であるとともに、自然発生的に出現したがゆえに民衆の間に定着した文書であるというのが、ベルクの見解である[42]。

「ポーランド教理問答」の特徴は、前述のように、祖国再興の必要性、職業選択や職場における具体的な行動規範、ロシア在住のポーランド人の基本的精神が列挙されていることである。これらに通底しているのは、祖国ポーランド再生への意志と希望である。しかもそれは、「ポーランドにとってのウクライナとリトアニアは、イギリスにとってのインドである[43]」と述べているように、ウクライナやリトアニアなど、かつてのレーチ・ポスポリータに含まれていた土地をポーランド領として回復したうえでの祖国再興でなければならないと訴えている。次いで明瞭に示されているのは、ロシア打倒への意思である。さらには、その目的のためであれば、すべてが許されるという権謀術数の精神が呈示されている。その端的な表現は、次のようなものである。

> ロシアは君にとっての第一の敵、正教は異端であることを忘れてはならない。だからロシア人には、我々は彼らと血を分けた兄弟であり、憎んでいるのはロシア人ではなく、ロシア政府なのだと思い込ませよ。そのためなら、偽善者になろうとも、君は何ら恥じることはないということも忘れてはならない。その一方で、すべてのロシア人に復讐するため、秘密裏に努力をしたまえ。[44]

そしてこの「ポーランド教理問答」が奨励する権謀術数は、ロシア帝国内の他の民族の活用にまで行きつく。それは、前出のウクライナ・ナショナリズム勃興の背後にポーランド人の陰謀が張り巡らされているというカトコーフの指摘と符合するものである。そして注目すべきは、この文書が「ドイツ人を利用せよ」という呼びかけで締め括られていることである。後述するように、一八六〇年代後半のロシアでオストゼイ問題に関する激論が論壇を賑わせていた頃から、ポーランド問題とオストゼイ問題の「結び付き」を指摘する言説が目立つようになる。しかし、それらにおいては、二つの問題がどのように結びついているのかがはっきりと述べられていない。しかし、「ポーランド教理問答」には、その「結び付き」が具体的に示されている。すなわち、「ポーランド人の陰謀」によって、反ロシア闘争の道具として活用されることで、ドイツ人がポーランド人と「結び付く」のである。

ロシア人と話すときは、必ず次のように言え。ドイツ人こそ、ロシア人とポーランド人にとっての第一の敵である、ドイツ人の陰謀によって我ら二民族の友好的連帯がぶち壊されてきたと。ロシア人はドイツ人を嫌っているので、君の言葉を信じるに違いない。……どんな計画が明るみになろうとも、ドイツ人のせいにしておけばいい。そうすることで〔ドイツ人に〕一撃を与えつつ、その敵〔ドイツ人〕を利用すれば、敵〔ロシア人〕の壊滅にも貢献することになる。また、そうすることで、君に対する嫌疑そのものも晴れるだろう[45]。

君の正体を見破った手強い狡猾な敵とことを構えることになったら、ありとあらゆる手を尽くして彼を抹殺しろ。それには最も信頼できる武器を使え。つまり、**影響力のあるドイツ人**に支援を仰ぐのだ。ドイツ人なら、ロシア派への憎悪から、君を助けてくれるだろう。君の敵が死んだとしても、ドイツ人はその権威主義から堕落を引き受けるのは義務だと思うことだろう。この方法で君はロシア人の本当の敵はドイツ人であることを証明することになる。また、君自身はまったく疑いを受けることなく、敵から味方を、計画の熱心な支援者をつくりだすのだ。アーメン[46]。〔強調引用者〕

前述のように、この真贋すら明らかではない文書の書き手が誰か、誰のどのような意図にもとづいて流布したのかといった問題は、もはや確かめることが困難である。また、あまり意味もあるまい。重要なのは、これが定期刊行物を通じて、ロシアの読者に読まれたということである。ポーランド人に付与された「敵」のイメージ、彼らの陰謀の存在を危険視する言説の流布という点を考慮すると、「ポーランド教理問答」がロシア人のポーランド人イメージ形成に与えた影響は等閑視できない。

また、ポーランド分割の当事者という点で、ロシア人と同様にポーランド人の敵であるはずのドイツ人までもが、陰謀によって結託してロシアに立ちはだかっていることを想起させる結語が当時どれほどのインパクトをもっていたのかも、今となっては確かめるのが困難である。しかし、一八六〇年代後半におけるオストゼイ問題への関心の高まりとその後の展開を想起するとき、あるいは、オストゼイ問題がしばしばポーランド問題との類似性、関連とともに語られた状況を想起するとき、「ポーランド教理問答」のインパクトの大きさは、決して無視できるものではなかったと思わざるを得ないのである。

前述のとおり、ポーランド問題はあたかも他の社会問題のマトリクスのような機能を果たし、しばしば一九世紀のロシア社会を震撼させた。例えばチュッチェフは、一八六五年のある書簡において、次のように当時の心象風景を記した。

ロシアのなかの反ロシア連合は、明白な感知できる事実だ。この連合にはポーランド人貴族、バルト・ドイツ人男爵、ペテルブルクのニヒリストも含まれる。……彼らを結び付けているのは、ある否定的なものである。すなわち、ロシア的なものすべてに対する先天的または後天的憎悪である。[47]

このような心象風景が示す現状認識が、チュッチェフの個人的なものにとどまるものでなかったことは疑いえない。例えば、そのことは、「(ミハイル・)ムラヴィヨフの反動」[48]と呼ばれる反動時代のきっかけになったとされる一八六六年四月一七日に発生したカラコーゾフ事件[49]とその後の経過が示している。その事件で危うく狙撃されかけたアレクサンドル二世は、犯人（カラコーゾフ）に「おまえはポーランド人か？」と尋ねたという。これは当時のロシア人の対ポーランド人意識の表れとして、それ自体が興味深いエピソードである。しかし、重要なのは、むしろその後の経過である。捜査の結果、この狙撃犯が「ロシア人」であることが判明し、犯人の背後にロシアに敵対する外国の勢力やポーランド人が糸を引いているのではないかという予断にもとづいて、一斉捜査が開始されたのである。[50] カラコーゾフがポーランド人であったならば、敵が敵らしく行動しただけの単純な話である。しかし明らかになったのは、ロシア人の中にも「危険分子」がいるということであった。つまり、ポーランド人陰謀家に加えて、ロシア国家にとって危険であるはずのない人々のあいだにも危険分子が紛れ込んでいるかもしれないことが判明したのである。

そして強調しなければならないのは、ロシア政府の中枢をなしていた関係者たちもまた、ロシアが姿の不明瞭な脅威にさらされているという観念に憑かれていたことである。事件の約一か月後、ムラヴィヨフを議長とし、内務大臣ピョートル・ヴァルーエフ（一八一五―九〇年）、帝室官房第三部長ピョートル・シュヴァーロフ（一八二七―八九年）、文部大臣ドミートリー・トルストイ（一八二三―八九年）らをメンバーとする皇帝暗殺未遂事件最高審議委員会は、事件後の政府の方向性を報告書にまとめた。そのなかの次の記述に注目すべきである。

> 嫌悪を催させるような企てがすべての身分の住民に与えた印象は、あまりにも強烈であった。あの事件でわかったのは、皇帝のもつ力、社会を腐食する癌を根絶するために使われるべき力の大きさである。あの犯罪者は、近い将来に到来する危険をロシアに示すため、神意によって選ばれた、熟しきっていない果実に他ならない。[51]〔強調引用者〕

そしてこの不明瞭な敵に対抗するため、彼らは「中央権力の再生」、「警察力の再構築と強化」、「教育の再生」、「民主主義・社会主義に対する対抗勢力としての貴族の再興」などを「健全」な社会秩序と価値観を再構築するための方針として列挙した。「不可欠なことは、政府が自身の手で世論の主導者よりも強力であることを示すことである。なぜなら、人々は一般的に力になびき、その声に耳を傾けるからである」[52]〔強調原文〕という部分が象徴的であるが、この報告書では、国家、社会全般にわたる専制体制の再強化が指向されている。確かに忍び寄ってくる不可視の敵に対抗するため、時の為政者たちは、国家と社会を「上」から強化する方針を明示したのである。

このように、ロシア社会および権力中枢は、ポーランド問題を核とする民族問題からニヒリスティックな革命運動にいたる、反ロシア的な不可視の敵が内から外からロシアを脅かしているというイメージに囚われていた。またそれは、一八六〇年代後半において、もはや否定できない現実とも思われていたのである。

第三節　ドイツ統一問題とパン・スラヴ主義イデオロギー

オストゼイ問題が浮上した背景として、一八六〇年代の国外状況も無視できない。具体的には、ドイツ統一問題が背景として重要であった。一八六二年、プロイセン首相にオットー・フォン・ビスマルク（一八一五―一八九八年）が就任したが、彼はプロイセンを核とする小ドイツ主義によるドイツ統一を主張していた。

ただし、注意しなければならないのは、この血を分けた隣人による統一運動がただちにバルト・ドイツ人の共感を得て、分離主義とドイツとの結合が唱えられたのではないことである。確かにロシア国内には、バルト・ドイツ人批判も出始め、一九世紀前半までのように、ロシア政府がバルト・ドイツ人の特権的地位を手放しに肯定する時代ではなくなっていた。しかし、バルト海沿岸地方の知識人たちがバルト・ドイツ人の特権を擁護し、独自のバルト・ドイツ人社会と文化の維持を声高に唱えていたとしても、ロシア政府が彼らの特権と独自性を一挙に剝奪するような状況には至っていなかった。また、バルト・ドイツ人のエストニア人、ラトヴィア人に対する経済的、文化的、政治的優位は、全くと言っていいほど、揺らいでいなかったのである。少なくとも一八六〇年代において、バルト・ドイツ人の多数派は、ドイツとの統合を本気で目指すようなラディカルな分離主義とは、ほぼ無縁であったといわねばならない。当時のバルト・ドイツ人社会とドイツ本国との関係については、リフラント県憲兵部隊に所属していたある佐官（氏名不詳）が書いた報告書（一八六四年一二月）での証言が参考になる。

> 私も分離主義が存在しないとはいわない。それどころか、名誉にかけて、何度もそれについて報告してきた。しかし、度重なる観察によって確信したのは、それが疫病のごときものだということである。つまり、〔バルト・ドイツ人の「分離主義」は〕ドイツの諸国民の生活や諸国で起こっている出来事を伝え聞いては、止んだり強くなったりするのである。シュレスヴィヒ＝ホルシュタイン問題が生じたとき、ドイツ人が熱狂主義に憑かれたように、少し遅れて私たちのバルト・ドイツ人においても、分離主義的な願望がぶり返したのだ。(53)
> 〔強調引用者〕

要するに、この佐官が言わんとしていることは、バルト・ドイツ人の「分離主義」なるものは、その時々の情勢によって移ろいやすいもので、必要以上に深刻に受け止める必要はないということである。ロシアの定期刊行物において、従来のバルト海沿岸地方関連の主要テーマは「エストニア人、ラトヴィア人農民の窮状」であった。しかし、一八六六年頃から「分離主義」が盛んに論じられるようになる[54]。それだけロシアではバルト・ドイツ人の分離主義が深刻に受け止められていたということである。先行研究には、バルト・ドイツ人がプロイセンに接近し、バルト海沿岸地方の特異な体制と分離主義がロシアの国家統合にとって危険なものになったため、分離主義批判が強まった、という主旨の記述も少なくない[55]。しかし、そうした危険性が実体のあるものであったかについては、件の佐官と同様に、本書の著者も懐疑的である。というのは、依然として特権階層であることには変わりがなかった以上、バルト・ドイツ人にとって、ロシアから分離して、プロイセンとの統合を急ぐ理由が見当たらないからである。また、バルト・ドイツ人の分離主義の磁場となったともいえるプロイセンの首相にも、バルト海沿岸地方に関して、積極的にロシアに干渉しようという意思が見出せないからである。

ミハイル・マシュキンによれば、ビスマルクはこの問題をロシアの内政問題と捉えていたという。仮にロシア政府がバルト海沿岸地方のロシア化に着手したとしても、何の問題もないというのが彼の立場であった。それどころか、ビスマルクは、ロシア化はロシアにとって当然の行動であると思っていたという。また、彼は、バルト海沿岸地方の併合についても、全く乗り気ではなかった。そこまでの領土拡張は、却って平和を阻害し、国益にもそぐわないと考えたからである。さらに彼は、ドイツとバルト海沿岸地方のあいだで「ドイツ的なもの（Deutschtum）」を紐帯とする連帯すら可能だとは思っていなかったという[56]。要するに、ビスマルクは、バルト海沿岸地方をドイツとは異質の土地だと考えていた。

とはいえ、当時のロシア社会では、公然と声が上がることはなかったものの、バルト・ドイツ人に対して批判的な視線が向けられつつあった。いかにバルト・ドイツ人の分離主義が現実的な基盤をもっていなかったとしても、ドイツ統一を掲げるプロイセンの台頭という当時の国際情勢によって、彼らに対する猜疑心が助長された側面は否定できない。例えば、バルト海沿岸地方における「ドイツ民族の不在」（本章註（6））を説いていたカトコーフも、一八六〇年代後半には、ドイツ統一運動とバルト・ドイツ人の分離主義の結びつきを強調した論説を発表するようになった。この点については後で詳述する。ここでは、彼の「ドイツおよびロシアにおけるドイツ愛国主義」（一八六八年）という論説における「ロシア帝国におけるドイツ愛国主義」への批判を引いておこう。

……ドイツ国内でドイツ愛国主義を唱えるのは当然である。しかし、それがロシア国内、その国民の間で語られるとき、我々はそれを愛国主義とは呼ばない。ロシア国家に対する背信と呼ぶ。それが良識と法にかなったものの見方というものである[57]。

また、バクーニンのように、国外からビスマルクがバルト海沿岸地方を狙っていると喧伝するロシア人もいた。彼は第二次ポーランド反乱の嚆矢となった一月反乱に関与した後、革命結社の組織化と自身の革命哲学の理論化に着手した。その過程で一八七〇年ごろに執筆した『鞭のゲルマン帝国と社会革命』において、「ビスマルクが遅かれ早かれ、何らかの方法でこの地方〔バルト海沿岸地方〕を占領することを、その脳味噌の片隅で考えていないとは信じられない[58]」と述べて、ビスマルクのバルト海沿岸地方への「野望」を指摘した。また後年の『国家制度とアナーキー』（一八七三年）においては、普墺戦争（一八六六年）におけるプロイセンの勝利以降、ドイツ人がビスマルクの剛腕を支持し、対外的拡張主義になびきつつある状況を指摘し、「パン・ゲルマン主義」がロシアに及ぶ危険性について論じた[59]。付言すれば、当時のドイツには、コンスタンティン・フランツ（一八一七―九一年）のように、プロイセン東方における大戦争を夢想しつつ、東方拡大に積極的ではないビスマルクを批判し、バルト地域とプロイセンの連邦化を唱えるドイツ人もいた[60]。

つまり、ここで肝心なのは、バルト海沿岸地方の将来をめぐって、ロシアとドイツが衝突する可能性がまことしやかに語られる時代が到来したことである。実際、一八六〇年代後半のロシア思想界には、ロシア＝スラヴとゲルマン＝ローマを対立的に捉えるパン・スラヴ主義的な世界観が台頭し始める。クリミア戦争での敗北以来、ロシアでは後進性や改革の必要性を痛感しただけでなく、ヨーロッパにおける味方との協力を模索する試みも始まった。第二章で述べたように、ニコライ一世の時代には殆どタブー視されていたスラヴ問題に関する議論も、一八六〇年代には公然と行われるようになっていた[61]。こうした思潮のもとにあった一八六七年五月、モスクワでスラヴ会議が開催された。これは、ロシアの世論を一八七〇年代に隆盛を迎えるパン・スラヴ主義へといざなう契機となる出来事であった[62]。

一八六〇年代後半におけるパン・スラヴ主義的な思潮を代表するロシアの思想家は、ダニレフスキーである。主著『ロシアとヨーロッパ――スラヴ世界のゲルマン＝ローマ世界との文化的・政治的関係に関する見解』（一八六九年）において彼は、ヘーゲル歴史哲学のように世界史を直線的で普遍的な過程と見なす歴史観に異を唱え、「文化歴史類型」と彼が呼ぶ、国家の枠を超えた、個別の自然社会的な共同性の集合として世界史を捉える歴史観を対置させた。この「文化歴史類型」は、他の文明との相互影響のもとにそれぞれ独自の文化を創造する[63]。そしてダニレフスキーによれば、人類社会の課題とは、多種多様な種族が異なる時期に自分たちの独自性を開花させることに他ならず、それは人類という理念に潜在的に備わっている属性である[64]。要するに、各民族、各国民が創造する文化のあいだには、基本的に優劣がなく、それぞれが固有の価値をもった存在であるということだ。

また、ダニレフスキーによれば、国家の根幹をなすのは民族性（народность）であり、ある民族の独自性は一つの国家によってのみ維持される。それゆえに各民族はそれぞれ自分の国家を持たねばならないという。逆にある国家に複数の民族が共存している状態はその国家の破滅を招く、というのがダニレフスキーの確信であった(65)。だから彼は、非スラヴ系民族をも包摂するロシア「帝国」よりも、「スラヴ」という種族、言語、文化の「同質性」にもとづく有機的な枠組みを重視するのである。

ダニレフスキーの世界観について若干、補足しておく。彼を含む一九世紀後半のパン・スラヴ主義者たちは、自然科学、特に生物学的な視点を導入し、「スラヴ」の「有機性」を強調し、これらの「種族」的な結合があたかも実在しているかのように語った。それゆえ一部には、ダニレフスキーを「人種主義者」と位置づける研究もある(66)。しかし、このような見方は、クロード・レヴィ゠ストロース（一九〇八―二〇〇九年）が「人種主義イデオロギーの父」と称されるアルチュール・ド・ゴビノー（一八一六―八二年）を肯定的に評価したのと同じように、修正されるべきであろう。レヴィ゠ストロースにとってゴビノーは、混血によって人種間の差異が消滅すれば、文明の多様性も失われ、人類社会が停滞することを懸念していた、「差異の思想家」であった。また、異なる文化同士が対抗し、その価値を否定し合うことは「自己確立の欲求」の発露であり、人種主義には当たらないというのがレヴィ゠ストロースの見解であった(67)。上に見たように、ダニレフスキーもまた人類社会の多様性を愛したがゆえに、「スラヴ」という枠組みにこだわった思想家であった。その意味で彼もまた、レヴィ゠ストロースやゴビノーと同様に、「差異の思想家」と呼ばれるべきであろう。

もっとも「種族」、「人種」といった概念とて、決して生物学的に決定されたものではなく、特定の権力関係の磁場において分類、規定されるものである。[68] よって「スラヴ」なる枠組みも、ロシア帝国、オーストリア帝国、オスマン帝国の相互関係、その各帝国内の民族政策、ヨーロッパ全体における民族に関する言説の状況などによって決せられたと見なすべきである。しかし、ここではそれについては深入りしない。ダニレフスキーの「スラヴ」志向は多様性への愛ゆえであったことを確認しておけば十分である。

その一方でダニレフスキーは、スロヴァク民族運動指導者であったリュドヴィート・シュトゥール（一八一五―五六年）の思想に深い感銘を受けていた。[69] 後にアレクサンドル・プィピン（一八三三―一九〇四年）に「スラヴ世界の過去、現状、その再生のためにとるべき道筋に関する完全なる歴史的な政治論文」[70] といわしめたシュトゥールの代表作、『スラヴ人と未来の世界』[71] は、一八六〇年代以降のパン・スラヴ主義思想の発展史を語るうえで不可欠な著作である。というのは同書こそ、当時の西スラヴ人によって書かれた著作のなかで、最もロシアのスラヴ主義思想に歩み寄り、「ロシアを中心とするスラヴ民族の再興と統一」というロシアのパン・スラヴ主義者好みの理念を呈示した書物だったからである。[72]

当時の西スラヴ系のスラヴィストとしては、シュトゥールの他にヤン・コラール（一七九三―一八五二年）やパーヴェル・シャファジーク（一七九五―一八六一年）らが知られている。しかし、プィピンによれば、彼らが最終的に行き着いたのは、チェコ＝スロヴァキア統一論であったという。[73]

シュトゥールは、彼らとは異なり、ロシア民族とその国家にスラヴ世界にとって唯一の救いを見出した。その意味では、後のパン・スラヴ主義イデオロギーの創始者とも言える人物であった。また彼は、ロシア人の未来を確信し、スラヴ人はロシア人を信じねばならない、ロシア人をスラヴの政治的な支柱とすべく、ロシアとの関係を刷新しなければならない、スラヴ世界共通の正教会に戻り、ロシア語を採用しなければならないと説いたのであった。[74] 彼は実際に一八四〇年代後半から五〇年代にかけての時期に、ロシア人革命家と協力関係を築いた。特に一八四〇年代末には、バクーニンと積極的に交流し、スロヴァク人蜂起参加への同意を取り付けた。もっとも、シュトゥールは民族解放という大義のためには公権力との協力も辞さないという考えの革命家であったため、結局、徹底的な反権威主義者であるバクーニンとは袂を分かつことになった。[75]

このシュトゥールのように、あからさまにロシアのパン・スラヴ主義に期待を寄せる立場は、『スラヴ人と未来の世界』の真贋を疑う声が上がるほど、ロシア国外の理論家としては稀有な例であった。[76] そして前述のように、ヨーロッパに「友」を求めていたロシアには、シュトゥールのようなヨーロッパからロシアに期待し、救いの手を求めるスラヴ人の存在に使命感を強く揺さぶられた人々がいたのである。

スラヴ世界の未来をロシアに託したといえるシュトゥールのスラヴ再生・統一構想に魅了されたダニレフスキーは、ロシアを盟主とするスラヴ世界とゲルマン＝ローマ世界の対立という世界像を描き出した。これは例えば、カール・マルクス（一八一八―一八八三年）とフリードリヒ・エンゲルス（一八二〇―九五年）に典型的に見られた西欧人のスラヴ民族観と真っ向から対立するものであった。

彼らによれば、社会的関係は諸個人の協働によって規定される。つまり、一定の生産様式ないし産業段階は、常に一定の協働の様式ないし社会の段階と結びついている。それゆえ彼らは、歴史は常に産業および交換との連関において研究され、論じられなければならないと考えていた。[77] このような観点をもっていた彼らには、独立した民族国家をもったこともない多くのスラヴ民族は、明らかに遅れた産業段階にあり、進歩から取り残された存在にしか見えなかった。そのような意味において、マルクスとエンゲルスにとってスラヴ民族は、「歴史なき民族[78]」だったのである。

一八六〇年代において、国際社会ではドイツ統一問題が持ち上がったのに対し、ロシア国内ではそれに対抗的なパン・スラヴ主義的な潮流が強くなった。この時代は、ロシア対ドイツという対立が喫緊の重要問題として語られるようになった時期であると理解できる。そしてそのような時代の趨勢の中で、前述のように、ロシア社会はバルト海沿岸地方における「ドイツ的なもの（Deutschtum）」を直視せざるをえなくなった。また、実態がどのようなものであったかに関係なく、バルト・ドイツ人の「分離主義」なるものに警戒感を抱かざるをえなくなったのである。

結局のところ、ドイツ統一問題とパン・スラヴ主義イデオロギーの台頭は、バルト海沿岸地方に関する議論をロシア対ドイツのナショナリズムの対立という文脈にいざなう役割を果したと見ることができる。

第四節　バルト海沿岸地方をめぐる「出版戦争」

本章ではここまで、オストゼイ問題の浮上の背景となった国内外の「外在的」要因について論じてきた。本節では「内在的」要因、すなわち「出版戦争（печатная война）」と呼ばれ、バルト・ドイツ人の社会問題化の直接的な要因になったといえる一八六〇年代半ばから七〇年代初頭にかけてのロシア国内のジャーナリズムについて論じる。

「出版戦争」という呼称は、著名な検閲官アレクサンドル・ニキテンコ（一八〇四―七七年）が使用したことに由来する。一八六七年一一月二日の日記で、ロシア側に批判されたバルト・ドイツ系のジャーナリズムが強く反発すると、ロシアのジャーナリズムもさらに激しく非難するという状況のことを出版戦争と呼んだのである。[79]このことは、ニキテンコの日記が死後に出版されたことで、広く知られるようになった。そのため後の研究者も、一八六四年から七〇年のロシアにおけるバルト・ドイツ人をめぐる言論界の状況を出版戦争と呼ぶようになったのである。

当時の状況をものがたるデータとして、マクシム・ドゥハーノフは出版戦争の中心的言論機関であった『モスクワ報知』がこの間に掲載したバルト海沿岸地方関連の論説の本数を呈示した。それによれば、一八六四年が一〇本、一八六五年が三三本、一八六六年が六本、一八六七年が二三本、一八六八年が一八本、一八六九年が三二本、一八七〇年が二五本と推移している[80]。一八七一年以降は、この問題に関する同紙の論説は激減している。一八七一年が二本、一八七二年が四本、一八七三年が〇本、一八七四年も〇本、一八七五年が一本と推移した。これを一八六〇年代後半と比較すれば、いかにその時期の議論が盛り上がっていたか一目瞭然である。またこれ以外にも、バルト・ドイツ人イデオローグたち——前述のヴァルターとシレン、イェゴール・シーヴェルス[81]（一八二三—七九年）、ヴォルデマール・フォン・ボック[82]（一八一六—一九〇三年）、ユリウス・エッカート[83]（一八三六—一九〇八年）ら——を論難した論文が同紙に掲載された。

また、『モスクワ報知』以外の出版戦争を彩った定期刊行物も多岐にわたっている。イサーコフによれば、出版戦争にはロシアのリベラル派、あるいは保守派に属する言論機関のうち、影響力が強いか否かに関わらず、その大半が参加し、反バルト・ドイツ人論陣が形成されたという。例えば、『現代編年史（Современная летопись）』、『モスクワ（Москва）』、『日（День）』、『ロシア人（Русский）』などのモスクワに基盤を置く言論機関とともに、『声（Голос）』、『ロシアの廃兵（Русский инвалид）』、『サンクトペテルブルク報知（Санкт-Петербургские ведомости）』、『取引所報知（Биржевые ведомости）』、『ヨーロッパ通報（Вестник Европы）』、『ロシア報知（Русские ведомости）』、

『現代通信（Современные известия）』などのペテルブルクを拠点とする言論機関も加わった。そして両首都の主要定期刊行物以外にも、バルト海沿岸地方のロシア人の新聞である『リガ通報（Рижский вестник）』、さらには『活動（Деятельности）』、『ペテルブルク小新聞（Петербургский листок）』などのミニコミ誌、正教会系の各雑誌なども、この反バルト・ドイツ人論陣に参加していたという[84]。

またユリア・ミハイロワによれば、多かれ少なかれ一八六〇年代にバルト海沿岸地方に関する論説を掲載したことのある定期刊行物は、二七にも及ぶという[85]。そのなかでもとりわけ熱心に取り上げていたのが、カトコーフの『モスクワ報知』、陸軍大臣ドミトリー・ミリューチンの新聞と見なされ、軍の機関紙の役割を担っていた『ロシアの廃兵』、アンドレイ・クラエフスキーが文部大臣アレクサンドル・ゴロヴニン、内務大臣ヴァルーエフ、財務大臣ミハイル・レイテルンらの協力と政府からの助成金を受けて発刊していた政府系の『声』、イヴァン・アクサーコフが編集し、スラヴ派を代表する新聞であった『日』、『モスクワ』などである。つまり、出版戦争においてロシア側の中心的役割を担っていたのは、政府系新聞、保守系あるいはリベラル系、そしてスラヴ派系の定期刊行物であったということができる[86]。

しかし、舌鋒の鋭さと徹底性という点で、親バルト・ドイツ人派の影響力を被らざるを得ない政府系の『ロシアの廃兵』や『声』などは、カトコーフやイヴァン・アクサーコフの新聞には及ばなかったといえよう。『ロシアの廃兵』は、主幹であったセルゲイ・ズィコフとミリューチンの尽力により、一八六〇年代前半の時点では、反バルト・ドイツ人的な論調を全面に打ち出していた[87]。ところが、一八六〇年代後半以降は論調が変わり、バルト・ドイツ人関係の記事自体が減少した[88]。その背景には、政府と同紙との関係があった。そのことは、一八六五年頃の同紙とバルト・ドイツ系ジャーナリズムの関係についてミリューチン自身によって書かれた次のような回想からも窺える。

……『ロシアの廃兵』は、『モスクワ報知』、『日』と同様に、国外だけでなく、リガやペテルブルクでも発行されているドイツ語新聞のロシアを愚弄する記事を反駁することに力を入れていた。……四月の『ロシアの廃兵』に載った論説にもこうした性格のものがあったのだが、それらがちょうど国外滞在中だった皇帝〔アレクサンドル二世〕には気に入らなかったようだと、ドルゴルーコフが四月二二日、ユーゲンハイムからの手紙で教えてくれた。彼に『ロシアの廃兵』の論説はドイツ語新聞によるロシアを侮辱する攻撃に呼応したものだと詳しく説明し、私の釈明を皇帝に伝えるように依頼したが、ドルゴルーコフが「皇帝陛下は、ジャーナリズムの論戦には、ロシアに統合の代わりに分裂を招来するような過剰さが伴わないことを望んでいる」と知らせてきた。

この叱責の後、公的な新聞としては当然であるが、『ロシアの廃兵』はドイツ語新聞との論戦を避けるようになったのである。[89]

ミハイル・レムケやエヴゲーニー・フェオクティストフといった当時の検閲関係者が回想記で述べているように、『声』は政府から助成金を受けていたため、政府と歩調を合わせることを求められる立場にあった。[90]ところが一八六五年末、「ニヒリズム的傾向を先導した」と同紙を批判したヴァルーエフの強い要求で、政府からの助成金は打ち切られた。[91]それ以降の同紙は、論調に変化が見られ、一八六〇年代末にはバルト海沿岸地方に関しては、『モスクワ報知』と軌を一にするかのごとく、公然と同地方の農民の権利を擁護し、特権的貴族を批判するようになった[92]。しかし、出版戦争は一八七〇年代初頭には事実上、鎮静化したので、やや遅きに失した感は否めない。その意味において、『声』をバルト・ドイツ人に批判的な代表的言論機関の一つと見なすことには無理がある。

つまるところ、出版戦争のロシア側の主役は、カトコーフの『モスクワ報知』、イヴァン・アクサーコフの『日』や『モスクワ』であった。これらの定期刊行物ほど、数年間にわたりバルト・ドイツ人批判の立場を貫いたものは、他に見当たらない。そしてこれら定期刊行物におけるバルト・ドイツ人批判の理念を受け継ぎながら、それらを集大成したといえる著作が、サマーリンの『ロシアの辺境』第一分冊（一八六八年）であった。この書物については、次章で詳しく論じる。

他方、ロシア側のバルト・ドイツ人批判に対抗したバルト・ドイツ系ジャーナリズムは、主に『リガ新聞（Rigasche Zeitung）』、『レヴァル新聞（Revalsche Zeitung）』、『サンクトペテルブルク新聞（Sankt-Peterburger Zeitung）』、『バルト月報（Baltische Monatschrift）』、『リフラント雑誌（Livländische Beiträge）』などによって形成されていた。基本的には各紙（誌）の方向性は一貫していた。すなわち、ロシア政府による改革の試み（次章以降で詳述する）に対する反発、あるいはロシアのジャーナリズムによるバルト海沿岸地方の諸問題に関する非難に対する反駁である。そしてその集大成的な著作となったのが、デルプト大学教授シレンによる『サマーリン氏へのリフラントの返答』（一八六九年）であった（この著作については、第五章で詳しく論じる）。

そして、こうしたバルト・ドイツ系ジャーナリズムの論調の中に、ロシアのジャーナリズムがドイツ・ナショナリズムの匂いを嗅ぎ取り、論戦が過熱化していったというのが、出版戦争の基本的な構図であった。つまり、その過程で単にロシア社会においてバルト・ドイツ人という存在の問題性が喧伝されただけでなく、ロシア帝国を「内側」から攻撃するナショナリズムの問題が表面に押し上げられたということである。出版戦争に関わったバルト・ドイツ系の雑誌、新聞は膨大であるため、それらを一々検証することは極めて困難な作業である。しかし、当時の主要なバルト・ドイツ系の雑誌の頁をめくるだけで、ナショナリズムを煽ったといわれても仕方のない言説を見出すことができる。例えば、出版戦争における代表的な反ロシア的雑誌、『リフラント雑誌』を主宰していたボックは、一八六七年頃、バルト海沿岸地方で行われつつあった改革を、次のような言い回しで非難している。

公的に確定された計画に向かって、オストゼイ地方におけるドイツ的なものへの抑圧が始まっている。ロシア帝国におけるこの抑圧に対して、その大本であるロシア帝室も、ひたすら感謝しているだけのようだ。[93]
〔強調引用者〕

つまり、ロシア側からの「攻撃」は、バルト・ドイツ人の特権にではなく、彼らの「血」、ドイツ的な要素に向けられているというのである。後述するように、実際にこうした発言にロシアの知識人は影響され、バルト・ドイツ人の活発な言論活動にドイツ・ナショナリズムの発露を疑うようになる。

右のような情勢に、ロシア政府はいち早く警戒を強め始めたようである。一八六七年一〇月二五日付で内務省検閲局からバルト海沿岸地方の検閲官に宛てて出された通達では、次のように述べられている。

近頃の出来事のせいで、ロシアで流通しているドイツ系出版物とロシアの出版物のあいだに、バルト海沿岸地方の問題に関する論争が生じている。当局では、この論争が過熱化、長期化するとみており、一時的に世論の激高が生じる可能性もあるとみている。やむを得ない場合には、当然ながら、双方を抑制するために相応の手段の行使も辞すべきではない。……検閲の過程で、出版物のなかに双方の民族的苛立ちを喚起しそうなものがあれば、削除しなければならない。[94]〔強調引用者〕

この通達からは、検閲局が出版戦争がロシアとドイツ双方のナショナリズムの激突を引き起こしかねないと懸念していたことが窺える。そしてここで確かめられるのは、一八六〇年代初頭までは、どこか疑わしい部分は否めないが、基本的にロシア国家に忠実な臣民であるために、なかなか社会問題の主体として名指ししにくい存在であったバルト・ドイツ人が、この文書では完全に社会問題の潜在的アクターとして扱われていることである。つまり、これを書いた内務官僚は、バルト・ドイツ人が出版戦争を通じて民族問題の主体になりつつある事態を重々承知していたのである。

そして内務官僚たちの懸念は、出版戦争においてロシアのジャーナリズムが発した言説によっても裏付けられる。出版戦争の初期段階から意気軒昂なジャーナリストとして、反バルト・ドイツ人的論調を代表していたのは、カトコーフである。彼は一八六五年五月一二日付の『モスクワ報知』において、バルト・ドイツ系ジャーナリズム、あるいはその報道を真に受けた諸外国のジャーナリズムが、「オストゼイ問題」を「ドイツ問題」と同定しようとしている傾向について論じたが、同時に次のような指摘も行っている。

……ロシアのドイツ系住民に対して、我々は一度たりとも攻撃を加えたことはない。……いわゆるオストゼイ問題なるものは、まったく別の要因から発生したものだ。それはモスクワやペテルブルクからではなく、バルト・ドイツ人の定期刊行物に由来するのである。[95]

これは要するに、バルト海沿岸地方で特権階層を構成する一方で、どこかロシアに対する忠誠心も疑わしい人々を、ある民族問題の主体に仕立て上げる宣伝活動が行われているという指摘である。そして同年一二月二四日には、親バルト・ドイツ人的な新聞のひとつ、『リガ新聞』を批判する論説で、次のように断じた。

『リガ新聞』は、バルト海沿岸地方の住民のある部分をドイツ民族（*немецкая нация*）としてロシアから分離させるだけでなく、両者を敵対させようとしている。[96]〔強調引用者〕

つまりカトコーフは、バルト・ドイツ系ジャーナリズムの論調にオストゼイ問題という民族問題をでっち上げようとする意図を見出している。前述のように、バルト・ドイツ人社会の世論は、バルト海沿岸地方のロシア帝国からの分離とドイツ本国との統合を支持していたとはいえない。その意味で、バルト・ドイツ人はドイツ人という民族性を基盤とする集団であるとの立場がバルト・ドイツ人社会を代表するものであったとは言えない。しかし、カトコーフはそうした大勢に隠された「ドイツ民族の統一」という「大きな物語」にバルト・ドイツ人をも参画させようという意図を嗅ぎ取り、バルト海沿岸地方における分離主義の気配を指摘したのである。

また、もう一方のロシア陣営の代表的なジャーナリスト、イヴァン・アクサーコフの一八六七年以降の言説もカトコーフの路線に近づいていく。前述のとおり、それ以前のイヴァン・アクサーコフによるバルト・ドイツ人批判は、彼らの「大地」や「血」に根拠をもたない「国家崇拝」、その「民族的なものの欠如」に向けられることが多く、特権や農民問題を主題としていた[97]。ところが一八六七年九月二三日に発表された論文「バルト海沿岸のドイツ人には民族性原理の名のもとにロシア政府の改革に反対する権利があるのか?」[98]において、アクサーコフはついにバルト海沿岸地方における「ドイツ民族」の問題に関心を向けている。そして一八六八年七月二日付の『モスクワ』に掲載された「オストゼイ地方の農民の状態について」という論文には、彼が「ドイツ問題」化に対して懸念を表明した箇所がある。

> ……(ドイツ系の各新聞で)賞賛されているドイツ文化は、農奴解放という偉大な事業を、さらに厳しい隷属化に捻じ曲げることができた。ドイツ系の各新聞は、休むことなくバルト・ドイツ人をゲルマン民族(*германская национальность*)の闘士に見せかけようとしている。これは本当なのか? 現在の主要かつ生死にかかわる問題、すなわち農民問題をめぐる闘争において、何が語られているのであろうか? まさかゲルマン民族(*германская национальность*)という理念から、農民の奴隷化や領地を要求しているのだろうか[99]?
> 〔強調引用者〕

このカトコーフとイヴァン・アクサーコフの発言から看取できるのは、いまや「バルト・ドイツ系ジャーナリズムによってオストゼイ問題が捏造されつつある」という感覚である。カトコーフは、一八七〇年においても「今にいたるまで、バルト海沿岸地方に民族問題はなかった[100]」と述べているが、彼は「民族的主体」としてのバルト・ドイツ人など信じていなかった、あるいは信じたくなかった。あくまでバルト・ドイツ人の何らかの意思によってオストゼイ問題が捏造されたと考えており、民族問題としてのオストゼイ問題など、カトコーフには受け入れがたいものだったのである。

そしてカトコーフらはこのオストゼイ問題に目を向けるよう、ロシアの公衆に呼びかけた。それは当時の政府高官の発言を見る限り、成功を収めたように思われる。一八六八年に内務大臣に就任して間もないアレクサンドル・ティマショフ（一八一八—九三年）は、出版戦争の動向を注視していた。そして彼は沿バルト海諸県総督ピョートル・アルベジンスキー（一八二六—八三年）に対し、ロシア社会におけるバルト海沿岸地方の動向に対する関心の高さについて、次のように述べている。

……現時点では、バルト海沿岸地方の農民の土地制度に関する問題全体を提起する必要性を認めていないが、……この地方の将来に関わる問題がロシア社会の主だった人々の注目を集めていること、そしてロシアの定期刊行物の主宰者の多くが個別的な原因ではなく、地域事情と現行秩序の総体から生じる一般的現象、個々の事実の一切を体系的に提起する準備をしていることは、あまりにも明白である。政府、バルト海沿岸地方の諸制度に反対する世論の注意を喚起しようとする試みは、何度となく行われてきたし、ジャーナリズムも異常な熱心さで、ことあるごとにこの問題に回帰している。[101]

そしてカトコーフ、イヴァン・アクサーコフらの活動に続き、サマーリンの『ロシアの辺境』第一分冊が一八六八年八月、ロシアではなくプラハで出版された。同書は出版戦争の過程で発表されたおびただしい数の著作物のなかでも、特別な意義を持っていたと考えられている。例えばドゥハーノフやイサーコフといったソ連時代の代表的な研究者は、この『ロシアの辺境』の発表をオストゼイ問題の頂点ともいうべき事件であると評した。[102] この著作がなぜ大きなインパクトを持ちえたのかという問題は本稿において最も重要な問題のひとつであるが、ここでは、出版戦争の最中のサマーリンの活動について述べておきたい。

『リガからの手紙』で一八四九年三月に逮捕されて以来、サマーリンはこの問題に関して口を閉ざしていた。しかし、一八六七年三月、彼はイヴァン・アクサーコフの『モスクワ』に、バルト海沿岸地方に関する二本の論文を立て続けに寄稿している。すなわち、同年三月一一―一二日に掲載された「沿バルト諸県における正教について」と、三月一七―二一日に掲載された「『通信（Весть）』紙の政治的理想について」である。

「沿バルト諸県における正教について」によれば、この時点でサマーリンがバルト情勢について世に問おうとした契機は、一八六四年に伝わってきた、一八四〇年代に正教に改宗したラトヴィア人がプロテスタントへの再改宗を求めているという知らせであった。[103] サマーリンは、前述のように、一八四〇年代の正教改宗運動にはロシア政府や聖職者による経済的利得をちらつかせた教唆はなかったという立場をとっていた。つまり、彼は改宗運動の動機の「純粋さ」を信じていたのである。そしてその分、再改宗の報に大きな衝撃を受けたのであった。それゆえ彼は、一八六四年の再改宗という状況の真相を調査する必要性を訴えている。[104]

「『通信』紙の政治的理想について」は、同紙の根本的なロシア国家観を批判する論文である。サマーリンは、同紙のロシア国家観を「民族不在の国家としての理想的ルーシ」[105] と呼んでいる。つまり、その国家観には、ロシア帝国の核となる民族はロシア人であるという理念がないというのである。『通信』は、ニコライ・ベゾブラーゾフ（一八一六―六七年）を実質的な創始者とする、貴族階層の代弁者的新聞として知られている。そして貴族のなかでもヴァルーエフ、ヴラジーミル・オルローフ＝ダヴィドーフ、ボリス・ゴリーツィン（一八一九―七八年）、ピョートル・シュヴァーロフなど、バルト・ドイツ人に親しみを抱いていた有力者が支援者やスポンサーとして名を連ねていた[106]。つまり、サマーリンは『通信』をやり玉にあげることで、この新聞の背後にいる親バルト・ドイツ人派の貴族たちをも批判したと見ることができるということである。

これら一八六七年の論考を発展させたのが『ロシアの辺境』であった。「ロシア社会にはバルト海沿岸地方に注目すべき理由があるので、いずれ目を向けることになるだろう。しかし、ロシアの思想と言論を管轄する官庁がそれを許さぬ以上、ロシアではなく、プラハで出さざるを得なかったのだ[107]」というサマーリンの言葉からも察せられるように、彼はロシアの検閲事情を考慮したうえで、まず国外で出版することにした。後述するように、ロシア政府の内部は、必ずしも『ロシアの辺境』に対する否定的な意見によって占められていたとはいいきれない。しかし、先述の検閲官ニキテンコの日記（一八六八年九月一九日付）に見られる「サマーリンが国外でバルト・ドイツ人を攻撃する「恐るべき本」を出したらしい[108]」という記述にも表れているように、ロシア政府の中では『ロシアの辺境』を呪詛する声の方が、どちらかといえば優勢であったように思われる。『リガからの手紙』の時とは異なり、カトコーフとアクサーコフのように、サマーリンを公然と擁護する有力者がいたものの、最終的には、前内務大臣ヴァルーエフの暗躍により、『ロシアの辺境』は、一八六八年九月、正式に発禁本に指定されてしまった[109]。

こうして一八六四年頃に始まったバルト海沿岸地方の諸問題をめぐる出版戦争は、一八六八年の『ロシアの辺境』を一つの頂点として、一八七〇年頃までロシアおよびバルト・ドイツ系ジャーナリズムにおいて展開された。

小　括

以上のように、本章では大改革、第二次ポーランド反乱、ドイツ統一問題、パン・スラヴ主義の台頭、出版戦争といった、オストゼイ問題が浮上する背景を明らかにした。これら諸条件が絡まって、一八六〇年代には五〇年代以前のようなバルト・ドイツ人に関する言論そのものがタブー視される状況に終止符が打たれた。公然とバルト海沿岸地方の特殊な体制の是非を問うカトコーフ、イヴァン・アクサーコフ、サマーリンらによって、活発な言論活動が行われた。それに対して、バルト・ドイツ系ジャーナリズムは『モスクワ報知』や『モスクワ』に代表されるバルト・ドイツ人に批判的な定期刊行物を攻撃する形で出版戦争が展開された。その過程で、ロシア国家に忠実なコスモポリタンという従来のバルト・ドイツ人に対するイメージが揺らいだ。そしてロシア社会には、バルト・ドイツ人は、ポーランド人と同等か、もしくはそれ以上に危険な人々であるかもしれないという疑念が生じたのである。そしてこの疑念を象徴する書物がサマーリンの『ロシアの辺境』第一分冊であった。次章では、この問題の書物が登場した背景、その内容について詳しく論じる。

(1)　Самарин, Ю. Ф. 1889. Т. 7. С. 32–33.
(2)　Аксаков, И. С. 1887. С. 6.
(3)　Там же. С. 6–7.
(4)　スラヴ主義は、一般的に、初期（古典的）と後期に区分される。ただし、それが単なる時期的な区分にすぎないのか、あるいは両者のあいだに何らかの思想的転換が見出せるのかという問題は、まだ十分に論じ尽くされたとは言えない。例えば、ロシアのスラヴ主義研究者エレーナ・ドゥジンスカヤは、何をもって「古典的（初期）」とそれ以外のスラヴ主義を区別するのか、という問題は未解決だという。スラヴ主義の区分は、厳密な内容の吟味や時代区分にもとづいて行われているわけではなく、一八六〇年頃を境として、それまでに死んだイワン・キレーエフスキー、ホミャコーフ、コンスタンティン・アクサーコフらを旧世代、それ以後も生き残っていたスラヴ主義者を次世代とみなしているにすぎないという（См.: Дудзинская 1994. С. 12）。確かに多くの研究者は、どのような観点から区分するにせよ、一八六〇年頃を初期と後期の分岐点と見なしている。清水昭雄は、古典的スラヴ主義の時代を一八三八、三九年頃から一八六一年の農奴解放までと見る（清水 一九八七、一〇九頁注）。ロシア社会思想史に関するポーランド人研究者として名高いアンジェイ・ヴァリツキは「近代の資本主義的文明の諸制度や諸価値に反対する回顧的ユートピアであり、失われた調和をとりもどそうとする熱望であり、保守的ロマン主義のロシア的変種」（ヴァリツキ 一九七九、二四頁）と、古典的スラヴ派とされるキレーエフスキー、ホミャコーフ、コンスタンティン・アクサーコフのスラヴ主義を定義したが、一八六〇年前後に政治状況の変化に沿ってスラヴ主義も転換したと見る。すなわち、ある者はパン・スラヴ主義へ、別の者は右傾化した貴族的自由主義に変容したというのが、ヴァリツキの見立てである（同右、二五頁参照）。

（5）　スラヴ主義者のなかで、おそらく反国家主義的な政治哲学を最も鮮明に展開したのは、イヴァン・アクサーコフの兄で、サマーリンにも多大な影響を与えたコンスタンティン・アクサーコフであろう。彼は国家を「束縛」あるいは「外的強制の端緒」と見なし、「虚偽」であると断罪した（Аксаков 1889. Т. I. С. 241）。また、民衆が政治的権利を要求した、統治に参画したという史実は、ロシア史にはなかったと指摘し、ロシア゠スラヴ人の非国家性、非政治性を主張した（Аксаков, К. С., Аксаков, И. С. 2010. С. 227–230）。それゆえにロシア人に相応しい国家秩序とは、政府に無制限の国家権力を委託するかわりに、国民は道徳的自由、生活、精神、言論の自由を享受するとされる絶対君主政であると主張した（Там же. С. 256–258）。
　右のようなコンスタンティン・アクサーコフの政治哲学は、明らかにアナーキズムとの親和性が強いものである。

それは同世代を代表するアナーキスト、バクーニンも次のように述べて、認めている。「〔一八三〇年代のコンスタンティン・アクサーコフが〕既にペテルブルク国家と国家制度全般に対する敵であったのであり、その点で彼は我々の先を行っていたのだ」(Бакунин 1896. С. 201)。

（6） Катков 1897 [1864 г.]. С. 294.

（7） Катков 2011. Т. 2. С. 191-192.

（8） См.: Каппелер 2005. С. 422-423.

（9） 多様なエスニシティ文化を抱える国家の文化政策における代表的理念の一つ。多数派のエスニック文化と国民文化の癒着を批判し、多数派による少数派への抑圧や同化要求を認めない、そして多数派、少数派を問わず、いかなるエスニック文化からも中立的な公民的文化の創出を主張する一方で、エスニック文化の全面的廃止を求めるわけでもない立場である。要するに、エスニック文化の多様性を好意的に無視することで、エスニシティの多様性を擁護していく立場である。代表的な論者として、マイケル・ウォルツァーらがいる。ただし、ウィル・キムリッカら多文化主義的ナショナリズムの擁護者に批判されている。彼らによれば、公民的ナショナリズムは、現実の国家は不断にネイション・ビルディングを継続し、当然それは多数派のエスニック文化の強化と不可分であるという現実から目をそむけているという（松元 二〇〇九、一一三—一一七頁参照）。

（10） Schirren 1869. S. 11.

（11） リヴォニア戦争中の一五六九年にルブリンの連合によって成立したポーランド王国とリトアニア大公国の合同国家をさす。「レスプブリカ」や「コモンウェルス」と同義語である。ポーランド語では「ジェチポスポリタ」という。

（12） 田中・倉持・和田 一九九四⑵、一七九—一八〇頁参照。

（13） Гросул 2000. С. 192.

（14） 高田 二〇〇四、七五頁参照。

(15) ПСЗ. Соб. 2-е. Т. 40. № 41988.
(16) Там же.
(17) Там же.
(18) Горизонтов 2004. С. 66（ゴリゾントフ 二〇〇四、六一頁）.
(19) Врангель 1907. С. 15.
(20) Там же. С. 21.
(21) ポーランド分割後、同国がイエズス会の拠点でもあったため、多くのイエズス会士と関連施設がロシアに帰属することになり、ロシアにおいてもイエズス会の活動が活発になった。とりわけパーヴェル一世の時代は、ロシアとイエズス会の蜜月期とされる。この時期、イエズス会は帝国西部および南部、両首都での活動を拡大し、教育、思想、文化、政治において一定の影響力をもち、一定数の改宗者も生んだ。しかし、その拡大ぶりがロシア側の警戒を招き、一八二〇年、イエズス会はロシアを追放された。望月 二〇〇五、三八頁参照。
(22) LVVA, ф. 3, оп. 5, д. 1914, лл. 1-1об.
(23) Цимбаева 1999. С. 41.
(24) См.: Горизонтов 1999. С. 81-82.
(25) cf. Dolbilov 2007. p. 154.
(26) Муравьёв 1865. С. 2.
(27) ウクライナ問題についての詳細は、例えば、次の研究を参照されたい。松里 一九九八、Миллер 2000.
(28) ベラルーシ問題についての詳細は、例えば、次の研究を参照されたい。Weeks 2003.
(29) См.: Горизонтов 1999. С. 9.
(30) См.: Гетманский 2003. С. 154; Миллер 2000. С. 37; cf. Weeks 2003. p. 211.
(31) Катков 2011. Т. 3. С. 144.

（32）Миллер 2000. С. 120.
（33）Аксаков, И. С. 1886. Т. 3. С. 452.
（34）一八六七年七月、イヴァン・アクサーコフは次のように述べている。「ポーランド王国はヨーロッパの反ロシア的陰謀の前哨として、わが北西部および南西部の辺境に対する奸計の火薬庫、騒乱の永遠の要因、ロシア人の安全と平和に対する永遠の脅威となった」（Там же. С. 451）。
（35）一八六九年頃にネチャーエフによって書かれたとされる革命家の行動綱領。革命をすべてに最優先するという、革命的マキャヴェリズムを特徴とする。一八七一年、ネチャーエフの同志ピョートル・ウスペンスキーの自宅を家宅捜索したロシアの官憲によって発見され、官報に掲載されたことで知られるようになった。ネチャーユフがバクーニンと協力関係にあった時期に書かれたため、長らく両人の合作と見られていた。しかし、一九六〇年代になってイスラエルの歴史家ミカエル・コンフィーノは、バクーニンが書いた一八七〇年六月二―九日付のネチャーエフ宛ての手紙を発見し、「ネチャーエフとトカチョーフの共著」説を提起した。それ以降、バクーニンの思想的影響は認めつつも、基本的にはネチャーエフが執筆したと見る研究者が多い。cf. Pomper 1973. p. 127; Saltman 1983. p. 133; Avrich 1987. pp. 20–21; См.: Лурье 2001. С. 109; Демин 2006. С. 291.
（36）望月二〇〇五、四三頁。
（37）Лебедев 1999. С. 71.
（38）Цифанова 2005. С. 101–102.
（39）「ポーランド教理問答」を掲載した新聞の一つ、キエフで発行されていた『南西報知』には、この文書は第二次ポーランド反乱中に殺害されたポーランド人反徒から発見された（Катехизис польский и русский 1863. С. 1）、と記されているが、その原本は見つかっていない。この点に関して、反乱の喧騒が去った一八七二年、『サンクトペテルブルク報知』第二九四号が、「ポーランド教理問答」を持っていたのは誰か、彼からその文書を抜き取ったのは誰か、どこで発見されたかが明らかではないと指摘し、文書の実在に疑義を呈したことがある。

これに対してスラヴ主義に近い作家ニコライ・パヴロフ（筆名ビツィン）は、特に根拠を示していないが、その「実在」を主張している。См.: Бицын 1873. С. 200–201.
ヴァリツキは、特に根拠を示してはいないが、ロシア人による捏造文書と断定している。Walicki 2005. p. 93.

（40）Катков 1887. С. 200–211.

（41）バルト・ドイツ人貴族の血を引くジャーナリスト、詩人、翻訳家。一八五四年からクリミア戦争に参加。一八五〇年代末から文筆活動に入った。他方で新聞・雑誌の特派員として、バルカン半島、ギリシア、トルコ、シリア、パレスチナ、エジプトなどを取材した経験をもつ。著書『一八三一年以降のポーランド人の陰謀と反乱に関する手記』の特徴の一つは、ポーランド側の資料を大量に使用した点にある。しかし、それゆえに「ポロノフォビアの欠如」を疑われ、ロシア政府寄りの人々から非難された。一八八四年、ポズナニで単行本として刊行されたことがあるが、ほどなくして発禁となった（Славяноведение в дореволюционной России 1979. С. 67–68）。その後は長らく陽の目を見なかったが、二〇〇八年、ロシアで復刊された。

（42）Берг 2008. С. 39.

（43）Катехизис польский и русский 1863. С. 3.

（44）Там же. С. 10.

（45）Там же. С. 11.

（46）Там же. С. 12.

（47）Тютчев 1988 [2/14 января 1865]. С. 387.

（48）皇帝暗殺未遂事件の最高審議委員会議長に任命されたミハイル・ムラヴィヨフは、知識人の大量逮捕と言論・出版の弾圧を実行した。田中・倉持・和田 一九九四⑵、二八〇―二八一頁参照。

（49）ドミートリー・カラコーゾフ（一八四〇―六六年）は、チェルヌイシェフスキーの信奉者で、カザン大学とモスクワ大学の学生組織で活動した後、モスクワの急進的な秘密同盟に参加していたが、独自に組織をつくり、独断で皇帝暗殺を試みた。しかし、その是非と有効性に関しては、革命派の間でも評価は分かれた。なお、同事件では、後に著名なアナーキズム理論家として活躍するヴァルラアム・チェルケーゾフ（一八四二―一九二五年）も共犯者として逮捕され、シベリアに流刑された。マサリク 二〇〇二(I)、三一二頁、二〇〇四(II)、一〇〇頁。

(50) 下里 一九九五、四一―四三頁参照。

(51) Записка после выстрела Каракозова 1907. С. 237.

(52) Там же. С. 238–239.

(53) ГАРФ, ф. 109, 1-я экс. оп. 39, д. 78, л. 77.

(54) Исаков 1961. С. 30.

(55) Там же. С. 30; Назарова 1998. С. 109; Скороходова 2013. С. 126.

(56) См.: Машкин 2007. С. 78–81.

(57) Катков 1897 [1868 г.]. С. 486.

(58) Бакунин 1989. С. 253.

(59) Там же. С. 476–477.

(60) cf. Laqueur 1965. pp. 33–34. 板橋 二〇〇七、二八五頁参照。

(61) Рокина 1998. С. 76.

(62) 大矢 二〇〇四、九五頁参照。

(63) См.: Ефремов 2006. С. 9.

(64) Данилевский 1991. С. 116.

(65) См.: Балуев 1999. С. 66.

(66) 例えば、次の研究。Shlapentokh 1996. pp. 22–23.

(67) 長谷川 二〇〇八、二一〇―二一二頁参照。

（68）貴堂　二〇〇八、九一頁参照。
（69）См.: Ефремов 2006. С. 9.
（70）Пыпин 2002. С. 132.
（71）オリジナル版はドイツ語で、一八五〇—五五年の間に書かれたとされているが、はっきりとしたことはわかっていない（プィピンは一八五二—五三年に書かれたとしている）。一八六七年、ラマンスキーによってロシアで刊行された。また一九〇九年、コンスタンティン・グロート（一八五三—一九三四年）とティモフェイ・フロリンスキー（一八五四—一九一九年）が編者となって、第二版が出版された。フロリンスキーは、同書の解説論文で、ラマンスキー、ダニレフスキー、コンスタンティン・アクサーコフ、ホミャコーフ、キレーエフスキー兄弟と並び称されるべき存在として、シュトゥールを高く評価している。См.: Рокина 1998. С. 74.
（72）См.: Пыпин 2002. С. 131.
（73）См.: Аксёнова 2006. С. 248.
（74）Пыпин 2002. С. 132–133.
（75）См.: Загора 2011. С. 19–20.
（76）Рокина 1998. С. 77–78.
　シュトゥールの親ロシア的な立場に疑念が抱かれた背景として、『スラヴ人と未来の世界』がロシアで刊行された一八六七年の時点で、彼が既に故人であったこと、一八四八年革命時のウィーン、あるいはプラハでのスラヴ会議において、民主派として帝国主義に反対する立場を打ち出していたことが挙げられる。
（77）マルクス、エンゲルス　二〇〇二、五五頁。
（78）マルクスとエンゲルスは、チェコ人等、オーストリアなどの支配下にあったスラヴ人は「歴史なき民族」（国家を形成した歴史をもたない民族）であり、他のドイツ人等の「歴史ある民族」に吸収されていくことを宿命づけられた民族であるとの認識をもっていた。例えば、彼らは一八五二年に次のように述べている。「スラヴ人、特に西部スラヴ人〔ポーランド人およびチェック人〔原文ママ〕〕は、本質的に農業人種である。商業および工業はかれらのあまりこのむところではなかった。その結果、これらの地方では、人口が増加し、都市が発生するにつれて、いっさいの工業品の生産はドイツ移民の手に帰し、またこれらの商品と農産物との交換は、ユダヤ人のもっぱら独占するところとなった」（マルクス、エンゲルス 一九五五、七五頁）、「……過去四〇〇年の歴史にあきらかな事実に徴して死に瀕しつつあるチェック民族〔原文ママ〕は、一八四八年、そのかつての活力を取り戻そうとする最後の努力をこころみた——その努力たるや、もし失敗するならば、あらゆる革命的考慮をぬきにしても、ボヘミアが、たとえその住民の一部は、なお数世紀のあいだ、ドイツ語でないことばをはなしつづけようとも、今後はただドイツの一部としてしか存在しえないということを証明することになるような努力であった」（同右、八〇頁）。

（79） Никитенко 1956. Т. 3. С. 102.

（80） Духанов 1978. С. 187.

（81） 詩人、リガ総合技術学校教授。バルト・ドイツ人。一八六〇年代、主に雑誌『バルト月報』においてロシアに批判的な言論活動を展開した。См.: Ширинянц 2008. С. 215.

（82） 代表的な反ロシア的バルト・ドイツ人イデオローグの一人。元は、リフラント高等裁判所副判事を務めていた。ドイツ語雑誌『リフラント雑誌』の発行者。См.: Там же. С. 216.

（83） バルト・ドイツ人ジャーナリスト、歴史家、外交官。サンクトペテルブルク、デルプト、ベルリンで法律を学んだ後、『リガ新聞』の編集に携わった。一八六〇年代末にドイツに移住し、ロシア批判を続けた。サマーリンの『ロシアの辺境』をドイツ語に訳したことでも知られている。См.: Русский вопрос 2013. С. 606.

（84） Исаков 1961. С. 157.

（85） См.: Михайлова 2008. С. 16–17.

（86） 政府系の定期刊行物が出版戦争の中心的役割を果した背景として、一八六〇年代後半が『現代人』や『ロシアの言葉』といった、「民主派」ジャーナリズムにとって受難の時期であったことも無視できないように思われる。

См.: Чернуха 1989. С. 27.
(87) Исаков 1961. С. 160.
(88) Там же.
(89) Милютин 2005. С. 147.
(90) См.: Лемке 1904. С. 239–244; Феоктистов 1929. С. 132–133.
(91) См.: Исхакова 2005. С. 113.
(92) См.: Исаков 1961. С. 159–160.
(93) Bock 1867. S. III.
(94) LVVA, ф. 3, оп. 5, д. 1864, л. 45.
(95) Катков 1897 [1865 г.]. С. 286.
(96) Там же. С. 863.
(97) イヴァン・アクサーコフは、一八六七年以前に二本のバルト海沿岸地方関連の論文を発表している。それは「オストゼイ地方のドイツ人はロシアの理想をどう理解しているか」（一八六二年七月二日）と「いかなる根拠でオストゼイ地方の農民は、ロシアの農民が享受している権利を奪われているのか？」（一八六五年一一月二七日）である。Аксаков, И. С. 1887. Т. 6. С. 3–9; С. 9–16.
(98) Там же. С. 28–35.
(99) Там же. С. 61.
(100) Катков 1897 [1870 г.]. С. 106.
(101) ОР РНБ, ф. 16, ед. хр. 16, лл. 16-16об.
(102) Духанов 1978. С. 188; Исаков 1961. С. 79.
(103) Самарин 1898. Т. 9. С. 449.

(104) Там же. С. 450.

(105) Там же. С. 457.

(106) См.: Христофоров 2005. С. 84.

(107) Самарин 1868. Вып. I. С. 47.

(108) Никитенко 1956. Т. 3. С. 130.

(109) cf. Haltzel 1981. p. 129.

第Ⅳ章 〈陰謀〉としてのオストゼイ問題
——カトコーフとサマーリンによる概念化——

はじめに

サマーリンの『ロシアの辺境』第一分冊は、オストゼイ問題の歴史において、特別な位置を占めるテクストである。本章は、一八六〇年代後半の出版戦争におけるこの書物の特異な意義を解明することを目的とする。前章では、一八六〇年代のロシアとバルト海沿岸地方をとりまく状況について論じ、当時のロシアの論者たちは、（ドイツ人問題としての）オストゼイ問題が意図的にバルト・ドイツ系ジャーナリズムにでっち上げられているという認識に至り、それを自分たちの定期刊行物で世間に伝えていたことを指摘した。著者の見立てでは、現代であれば、「陰謀論」と呼ばれるであろう見解の「正当性」を裏付ける役割を担ったのが『ロシアの辺境』であり、その点こそ、同書が同時代人にとって衝撃的だった理由である。本章では主に『ロシアの辺境』のテクスト分析を行い、同書が「〈陰謀〉としてのオストゼイ問題」を告発した書物であることを明らかにする。

ただし、「〈陰謀〉としてのオストゼイ問題」の概念化は、サマーリン一人によってなされたのではない。ロシア系ジャーナリズムとバルト・ドイツ系ジャーナリズムのあいだでの言論戦という状況下で登場したからこそ、『ロシアの辺境』も大きなインパクトをもちえた。そうである以上、「〈陰謀〉としてのオストゼイ問題」の概念化も、出版戦争を通じて行われたと捉えるべきである。

管見によれば、その過程で最も重要な役割を果たした人物は、カトコーフである。というのは、おそらく彼こそ、サマーリンよりも先に「ドイツ人の陰謀」と「ポーランド人の陰謀」との「関連」に着目し、「〈陰謀〉としてのオストゼイ問題」というコンセプトを最初に提起した人物だからだ。一八六八年八月の『ロシアの辺境』より早い同年一月、彼は次のように述べて、バルト海沿岸地方における「ポーランド人の陰謀」を指摘している。

ロシアのバルト海沿岸地方で、ポーランド人が不満を喚起しようと精力的に活動し、その境界でまるでドイツ民族（немецкая национальность）を庇護するかのように、多くの不快なことをしでかしているのは、我々にも明らかなことである。おそらく、この世界史に残る無秩序の張本人による陰謀なくして、それが我々の耳に届くことはなかっただろう(1)。

本章ではまず、カトコーフによる先駆的な「〈陰謀〉としてのオストゼイ問題」の概念化の意義について論じる。彼の「ポーランド人の陰謀」論の内容を明らかにし、それとオストゼイ問題の概念的結びつきについて論じる。そして〈陰謀〉としてのオストゼイ問題に関する議論のロシア側からの集大成ともいうべき『ロシアの辺境』のテクスト分析を行い、同書がセンセーショナルな書物となりえた要因とともに、著者のサマーリンが果たした役割を明らかにする。

第一節　カトコーフの「ポーランド人の陰謀」論

ミハイル・ニキフォロヴィッチ・カトコーフ（1818–87年）

カトコーフはもともと、裕福とはいえない下級官吏の家庭に生まれ育ち、自分の才覚と努力でのし上がった典型的な雑階級知識人である。一八四〇年代後半から五〇年代前半にかけての時期、モスクワ大学で哲学史の講義を担当していたが、一八五〇年からモスクワ大学新聞（『モスクワ報知』）の編集に携わるようになった。モスクワ大学での職を失った一八五六年から晩年まで、彼はジャーナリストとして、『ロシア通報』や『モスクワ報知』などの定期刊行物で膨大な数の論説を発表した。カトコーフの下で『モスクワ報知』等の新聞の編集に携わっていたこともある評論家のエヴゲーニー・フェオクティストフは、「彼のことを世論の代弁者だったというだけでは、言葉が足りない。彼が世論を創っていたのであり、世論が彼の後に付いて出て来たのである」[2]と述べて、カトコーフと情報の伝達者あるいは世論の代弁者としてのジャーナリストとの違いを強調した。ソ連時代を代表するカトコーフ研究者であるヴァレンティナ・トヴァルドフスカヤは、「カトコーフは「意見」の表明者を超える存在であった。彼の新しさは、公権力の外部にいながら、政治綱領を暗示し、政府をその断固たる実行に導いていたことであった」[3]と述べて、カトコーフを公職、のない政治的実力者と位置づけた。このような評価は、基本的に今日まで変わっていない[4]。

カトコーフが政治的な役割を担う存在となった契機は、第二次ポーランド反乱の勃発後から彼が発表し続けたポーランド問題に関する一連の論説が評判を呼んだことである。彼の持論である「ポーランド人の陰謀」論は、前述のように、ロシア帝国各地の分離主義あるいは破壊主義的な性格を持つ社会問題の認識に関して、ロシアのエリートにも多大な影響を与えた。爾来、カトコーフの新聞『モスクワ報知』紙は、ポーランドのみならず、ありとあらゆる国内外の反ロシア的な勢力と思潮を批判した。こうして同紙は、一八六〇年代においては公衆向け新聞だったが、しだいに保守的な政治的エリート層に支持される新聞へと変容していった[5]。彼自身も、政府内に役職がないにもかかわらず、一八六六年頃から、皇帝に直接意見できる立場にあったとされる[6]。

そして政治的人物としてのカトコーフの台頭にとって重要なのは、ポーランド反乱以降、彼がその言論活動によって名声を得るとともに、前章で触れた彼の「ロシア国家性理論[7]」も支持されるようになったことである。この理論の特徴として、「民族性（национальность）」が国家的・公民的・政治的概念と規定されていることが挙げられる。例えばカトコーフは、一八六四年に次のように語っている。

ある集合的要素を民族として承認することは、彼らに自分らしい生き方や信仰などを許すということでは全くない。……民族としての承認は、彼らに自由を許与することではなく、権力を与え、強制力を与えることなのである。ある民族の承認によって解決するのは、権力、政府、国家に関する問題である[8]。

この文章が意味するのは、種的出自、言語、宗教、慣習などの共通性によって育まれた集団的特性としての国民性あるいは民族性の否定、すなわち精神・文化的観念としての国民性あるいは民族性の否定である。カトコーフは、民族という概念を「国家」あるいは「政治的支配」と結びつける一方で、精神的・文化的要素から切り離した。つまり、彼において民族とは、国家を構成できる種族のことなのである。こうして「文化的ナショナリズム」を否定し、「国家的」あるいは「政治的ナショナリズム」を主張することで、ロシア帝国領内における国家的民族（государственная нация）としてのロシア民族の支配を理論づけようとしたのである。

著者の理解では、カトコーフのいう国家とは、中心となる国家的民族と、その支配を承認する周辺の様々な民族ならぬ種族からなる政治的統合体である。「国民統合は画一的なものではない[9]」と述べたように、彼は文化的な多様性を所与の現実と見なしていた。ただそれが分離主義や破壊主義と結びついた運動に転化した時に、カトコーフは政治的ナショナリズムで対抗しようとしたのだ。

ともあれ、カトコーフの政治的台頭は、ポーランド問題を契機としている。しかしその割に先行研究では、その鍵概念である「ポーランド人の陰謀」が具体的に何を指しているのか、はっきりと述べられていない。ここでは、その具体的内容を明らかにしたい。

カトコーフは反乱勃発の直後（一八六三年一月一四日）、「かつてポーランド王国を形成していたいくつかの部分は、プロイセンおよびオーストリアに統合された。もはやロシアとの結合でしか、王国は自身の民族的自立性を維持できない[10]」と述べた。そしてその少し後（同年六月一四日）、「ポーランドを、彼らの民族性を潰すことなく、ロシアと共通の新しい政治生命に呼び寄せることこそ、ロシア、ポーランド自身、ヨーロッパ全体の利益にかなっている[11]」と述べた。つまり、分割されたポーランドが自己の民族性を保つには、ロシアとともに歩むしかないのであり、カトコーフにとって反乱は、運命に対する無駄な抵抗でしかないということである。良識あるポーランド人はそのことを理解しているが、それがわからず、反乱を起こした者たちがいる。すなわち、シュラフタ（士族）と聖職者である。カトコーフは、反乱がポーランドの民衆によってではなく、シュラフタと聖職者によって起こされたと強調する。[12] 彼らは、ポーランドの自由のためではなく、権力のために、「強者（ロシア国家、ロシア人、ロシア正教会）」を支配するために戦っているというのである。[13] またそのような性格上、彼らの闘争が堂々と、真っ当な方法で行われることはないとも指摘する。[14] 要するに、前章で論じた「ポーランド教理問答」のなかで奨励されていた権謀術数的な手法が駆使されるということだ。このようにポーランド側の活動の性格描写を行った後、カトコーフは、ポーランド反乱とは「陰謀以外の何物でもない[15]」と断じている。

カトコーフは、「ポーランド反乱に成功をもたらすような勢力はどこにもいない[16]」と述べるなど、反乱そのものは恐れるに足らないと考えていた。しかし、それが危険なのは、目に見えにくい卑劣な方法でロシアを蝕む「陰謀（интрига）」だからである。一般人は「ポーランド人の陰謀」に対して無関心であるが、陰謀家たちはまさにそこに付け込もうとしているという。[17] 特にその効果が表れているのがウクライナ人、ベラルーシ人、リトアニア人などが居住する西部諸県である。カトコーフは、カトリック司祭の工作によって、ロシア人と自認していた人びとがポーランド人だと名乗るようになり、ロシア語が話されていた地域で普通の人がポーランド語を話すようになり、正教徒が減って、カトリック教徒が増えていると指摘した。[18] つまり、彼の認識において、「ポーランド人の陰謀」とは、精神面あるいは文化面からロシア人をロシア人でなくしてしまうことで、ロシアを弱体化する活動を意味する。

カトコーフのいう「ポーランド人の陰謀」が卑劣かつ密やかな反ロシア闘争だとすれば、そのイメージがバルト・ドイツ人と結びつけられるのは必然的であったともいえよう。というのは、前章で見たように、一八六〇年代のロシア社会では、バルト・ドイツ人にも「面従腹背」の嫌疑がかけられるようになり、彼らの特権とバルト海沿岸地方の特異な体制も道義的に問題視されつつあったからだ。

第二節　陰謀論の論理と構成

サマーリンは、『ロシアの辺境』の冒頭で、刊行の目的について語っている。それによれば、「せめて国外に出ればロシアの辺境について知りうる可能性を同胞に提供」し、「歪曲されてきた事実を復元することで反ロシア的な宣伝工作に対抗し、スラヴ人読者にロシア政府の使命と実際の活動を伝」えることが目的だという[19]。つまり、彼はこれまで一般のロシア人が知らなかったロシアの辺境に関する秘密を暴き、「真実」を一般読者に伝えようというのである。

ではこの「真実」とは何か。まず考えられるのは、オストゼイ問題の全貌である。前章で見たように、バルト海沿岸地方について多くの定期刊行物で議論されたものの、それはせいぜい一八六〇年代半ば以降のことにすぎない。また、定期刊行物に掲載されたものの多くは、断片的な話題を扱った短い論文であった。それゆえ読者にもたらされた情報は、問題の全貌を伝えるようなものではなかったのである。これに対して『ロシアの辺境』は、分野によって記述の量や質にばらつきが見られるものの、法律、農業、言語政策、宗教問題など、オストゼイ問題を構成する各分野に記述が及んでいた。つまり、問題の全体像が想像しやすくなる内容を備えていたのである。

しかし、『ロシアの辺境』の特徴は、バルト海沿岸地方に関する包括的かつ体系的な論述であるというだけにとどまるものではない。管見によれば、同書には、読者に衝撃を与えることを目的とした「過剰」がある。それは、バルト・ドイツ人を陰謀家に見せかけるようなレトリックと著作全体の構成に見られる。サマーリンは、幾人もの同時代人に、きわめて頭脳明晰な知識人であったと証言されている。[20] それゆえに、「過剰」は意図せざる産物というより、「真実」を読者に直截に訴えるべく凝らされた、彼の工夫であったと考えられる。つまり、サマーリンは『ロシアの辺境』においてある政治的意図を明示すべく、自らをデマゴーグ化した可能性もあるのである。[21]

これは著者の想像ではなく、当時の検閲行政において、出版物の内容とともに、人心を煽りかねない過剰な表現や形式にも注意が向けられていたことからも裏付けられる。例えば、内務大臣ヴァルーエフが一八六五年から六八年にかけて残した出版物に関するメモには、彼が内容とともに、トーンや表現の「過剰さ」に注目していたことを示す記述がある。『出版行政最高執行委員会雑誌』（一八六五年一二月四日付）にあった「新聞『日』の論文が激しいトーンと方向性を改めないのであれば、同紙の刊行に対して、さらに厳しい処置をとること」〔強調引用者〕という記述に対し、ヴァルーエフは「私も『日』は全く無礼で、非難されても仕方のない新聞だと思う」と記している。[22]

また、それは実際に出版物の停止事由ともなった。例えば一八六八年に発行停止になったイヴァン・アクサーコフの新聞、『モスクワっ子（Москвич）』の発行停止に関する報告には、次のような一文がある。

『モスクワっ子』第二五号の論文は、形式の無礼さはもとより、過去および現在の行政権力を侮辱し、反逆行為を説いた内容においても、出版における寛容性の限度を完全に逸脱していることを示す証拠である。[23]〔強調引用者〕

では『ロシアの辺境』の表現、形式、構成といった技術面に注目したとき、どのような特徴が見出されるのか。管見によれば、その論理と構成が陰謀論と符合し、バルト海沿岸地方で起こっている出来事が〈陰謀〉であるというイメージをつくりだしていることである。

古今東西、さまざまな陰謀論がある。[24] しかし、基本的にはどれも似たような論理と構成をもっている。過去の陰謀論研究によれば、「不法で危険と見られる変化の過程の背後には、おそらく表面上は隠れている真の原因があるとして、この原因を暴くと申し立てる」[25] のが陰謀論の基本形である。そして陰謀論が描く世界像は、「何事も必然である」、「何事にも裏がある」、「すべては結びついている」[26] という前提のもとに構成される。その世界の中心をなす陰謀を構成するのは、「秘密組織」、「常軌を逸した陰謀家」、「権力拡大という目的」、「従来のシステムと対立する秩序構想」[27] である。

陰謀論が右のごときものであるとすれば、『ロシアの辺境』も陰謀論と呼ぶにふさわしい著作である。というのは、『ロシアの辺境』もいくつかの問題の背後にある共通の「真」の動機、すなわちバルト海沿岸地方における住民のドイツ化および反ロシア主義という、表面的には隠された動機の存在を暴き出そうとしているからである。[28] そして以下に述べるように、『ロシアの辺境』に描かれたオストゼイ問題とは、〈陰謀〉によって仕組まれ、捏造された問題なのである。

第三節　サマーリンが描いた〈陰謀〉としてのオストゼイ問題

1　法令集反対キャンペーン

『ロシアの辺境』で最初にサマーリンが批判の俎上に載せたのは、法律問題、すなわち「法令集反対キャンペーン」であった。ここでいう「法令集」とは、沿バルト海諸県総督ゴローヴィンの尽力で編纂され、一八四五年六月に公布されたもののことである。バルト・ドイツ人貴族の反発もあり、編纂の過程で様々な困難があったが、これについては第二章で論じたので、ここでは繰り返さない。ここで重要なのは、サマーリンが一八四八年に着任したスヴォーロフ以降の総督たちを批判していることである。サマーリンによれば、彼らはゴローヴィンの路線を継承せず、バルト・ドイツ人に妥協してすり寄る方針をとり、法令集も骨抜きにされたというのである[29]。

そしてこの問題に関して、サマーリンが批判するのが、バルト・ドイツ人による「法令集反対キャンペーン」である。ただし、バルト・ドイツ人が公然とこのようなキャンペーンを行っていたわけではない。あくまでもサマーリンが「法令集反対キャンペーンが張られた[30]」と述べているだけで、組織的なキャンペーンが実在したのか否かは不明である。しかし、彼はその「実在」を主張する。その根拠の一つに挙げられているのが、一八六五年にリガとレーヴェリで刊行されたというリフラントとエストラントの降伏文書集である。これには付録として、ポーランドとスウェーデンの時代における特権の抜粋とニスタット講和条約の一部が掲載されていたという。それは、サマーリンに言わせると、法令集より、特権を定めた古い条約や判例を優先したいバルト・ドイツ人の「返答[31]」なのだ。サマーリンは「法律家は歴史的記憶を新たにし、強固な作戦上の基盤を確立し、攻撃に入った」とも述べているが、ニスタット条約のような古い条約を持ちだして喧伝する行為は、特権の維持の必要を社会心理的に根付かせようとするものであり、実際、それは根付きつつあると述べている。[32] にもかかわらず、ロシア人はこれらの背後の意図を疑いもせずに譲歩している、というのがサマーリンのバルト海沿岸地方における法律問題に関する理解であった。[33]

2　再改宗と異宗婚の問題

次にサマーリンがとりあげるのは、正教に改宗したエストニア人、ラトヴィア人農民のルター派への再改宗の問題である。既に述べたように、一八四〇年代には、エストニア人、ラトヴィア人の農民の正教への改宗が頻発した。しかしその後、彼らがルター派に再改宗を希望する事態が生じた。一般的には、第二章でも述べたように、正教に改宗したラトヴィア人とエストニア人には、改宗による経済的な利得をちらつかせた正教会の聖職者やロシアの工作員に唆された者が多く、改宗後にそれらが虚偽であったことが判明したため、ルター派に再改宗を求める者が現れたといわれている。

しかし、サマーリンはその説を支持せず、再改宗の原因は正教徒になったエストニア人とラトヴィア人に支援の手を差し伸べなかったロシア政府にあるとの見解を示している。支配階層であるバルト・ドイツ人の精神的支柱がルター派である以上、彼らがエストニア人とラトヴィア人の正教改宗の動きに対して、中立を保つことはありえず、新しく正教徒になった者たちがルター派の地主や牧師による迫害と暴力にさらされ、不利な立場に追い詰められるのは自明だからである。[34]

しかし、ロシア政府の責任を指摘する一方で、ルター派教会が正教徒をバルト海沿岸地方から駆逐し、同地方の支配を強固にしようとする意図的な動きについても指摘している。サマーリンはそれをこの地方の信仰と関わる二つの出来事のうちに読み取っている。まず、ルター派教会が正教からルター派への再改宗を認めない方針を定めたことである。一八六四年、ルター派の聖職者とリフラントの貴族たちは一時的に、正教徒化したラトヴィア人とエストニア人に元の信仰への回帰をうながすとともに、二度と正教に戻らないという条件で一旦はルター派への回帰が許されるように支援したが、一転して正教からルター派への再改宗を拒絶する方針に切り替えた[35]。

サマーリンが次に注目するのは、正教徒と非正教徒との異宗婚によって生まれた子は、正教式の洗礼と養育を受けなければならないとした一八六五年七月に発令された法律[36]に対して、バルト・ドイツ人が否定的な反応を示したことである。サマーリンは、バルト海沿岸地方では、ルター派聖職者やバルト・ドイツ人貴族を中心に、この法律の廃止を求める請願が執拗に行われたと指摘している[37]。

確かにバルト海沿岸地方のように、正教徒が社会的に不利であることが明らかな状況では、正教からルター派への改宗を認めないという規則は、ルター派から正教への改宗に対する心理的防波堤になるはずである。また、異宗婚で生まれた子に課せられた正教式の洗礼と養育を廃止せよという請願は、一見、宗教的寛容に通じているように思われるが、サマーリンによれば、それは全く違うという。なぜなら、それがロシア帝国全土のルター派教会のためではなく、あくまでバルト海沿岸地方という地域に限って行われた請願だったからである[38]。つまり、それは宗教的寛容の観点から良心の自由の保障を求めた請願などではなく、バルト海沿岸地方という限られた地域、バルト・ドイツ人が支配階層として君臨しうる限定された場所において正教徒が自然に増加する可能性を潰し、同地方のルター派教会の地位向上を図る試みであったという意味で、地域的なエゴイズムの表れであったにすぎないというのだ。

このように、サマーリンが一八六〇年代のバルト海沿岸地方の信仰をめぐる一連の出来事のうちに見出したのは、正教徒であることが制度的に困難であるような状況をつくり、最終的には正教徒をバルト海沿岸地方から根絶しようとするバルト・ドイツ人のよる〈陰謀〉だったのである。

3　農民問題

次にサマーリンが論じるのは、農民問題である。具体的には、ロシア帝国の他地域に先駆けて行われた沿バルト海諸県における土地なし農奴解放による悲惨な状況とその後の事態の推移である。一八一〇年代の農奴解放の結果、慣習的に享受してきた土地用益権とともに賦役義務の制限も消滅し、土地用益も、賦役かオブローク〈金銭年貢〉かの決定も、地主と農民との「対等」な契約で決定されるようになったことで、農民はきわめて不利な立場に追い込まれ、破滅的な困窮に陥った。しかしこの問題は政府の関心を引かず、一八四〇年代になって騒擾が頻繁に発生するようになるに至って、ようやく改革が検討されるようになった[39]。そして大改革の時期を迎え、ロシア全土で改革が着工された。ところが、バルト海沿岸地方とロシアでは、改革といってもまったく違う事態が生じているとサマーリンは批判する。

ロシアでオブロークが導入されたとき、賦役からオブロークへの移行時期は、農民に決定権があった。しかし、バルト海沿岸地方では、地主の裁量によって決められた[40]。しかもロシアの場合と異なり、オブロークの額に制限はなく、納められない農民は地主の屋敷から去るしかなかった。しかも高いオブロークを納める者が別にいれば、従来の使用者を無視して土地を貸すことが認められた[41]。

また土地償却についても、まったく異なる方針で改革が行われていたという。償却は、土地を使用する権利の保障を所有権に引き上げることを目的にしている点が単なる売買と異なる。それゆえロシアでの改革では、償却額の決定は賦役を基準に決定された[42]。しかしバルト海沿岸地方での土地償却の場合、農民には販売を要求する権利が与えられず、売るか売らないかの決定は、完全に地主に委ねられた。また、地価も地主が自由に決めることになっていたという[43]。

このようにバルト海沿岸地方では、改革といいつつも、地主の権利は従来通りに優遇され、農民が地主との関係で圧倒的に不利な状況に置かれること自体は変わるところがなかったのである。サマーリンによれば、このような事態が生じた背景には、バルト・ドイツ人貴族による改革の理念の歪曲と、中央政府の彼らに対する信用の悪用があったという[44]。それらによって真相が隠蔽されただけでなく、ロシア政府がほとんど口を挟むことなく改革案が作成され、最高意思決定機関でも承認されてしまったというのである[45]。

付言すると、『ロシアの辺境』による告発を待つまでもなく、バルト海沿岸地方の農民による改善要求は幾度となく行われてきた。その一つに、一八六八年二月にリフラント県フェリンスク郡の農民グループがロシア人翻訳者の協力を得て皇帝にあてて書いた請願書[46]がある。その冒頭には、「土地の管理者は、強引な手口で法外に高額な地代を要求し、農民を破滅させたいと思っているかのようです。もし保護と支援が与えられなければ、農民は乞食をするか、もしくは餓死することでしょう[47]」という、彼らの困窮を示す記述がある。『ロシアの辺境』は、こうした極限状況に陥りつつあったバルト海沿岸地方の農民の声と軌を一にしていたのである。

4　反故にされる国家意思、バルト・ドイツ人の民族的野望

最後に論じられたのが、バルト海沿岸地方におけるロシア語公用語化と同地方に居住するロシア人に関する問題である。一八五〇年一月、行政機関、中高等教育機関におけるロシア語使用の義務化、官吏の登用におけるロ

シア語能力の重視などを内容とする「オストゼイ諸県の皇室直轄地におけるロシア語による事務処理導入に関する政令[48]」が発せられた。これは、バルト海沿岸地方で殆ど無視されつづけ、一七年間にわたって有名無実化していた政令である。

しかし、政府から再びロシア語導入を推進しようとする動きが出てきた。一八六七年六月に出された「デルプト文教地区におけるロシア語教育の強化の手段に関する政令[49]」がそれである。ここでは、一八五〇年の政令の遵守を求める内容を挿入するかたちで、再度バルト海沿岸地方におけるロシア語の公用語化が謳われている。

このような政令が発せられたこと自体が、ロシア政府がバルト海沿岸地方の改革にそれなりに関心を持っていたことを示している。しかしサマーリンは、この政令の執行者であるべき沿バルト海諸県総督をはじめとして、誰ひとりとしてこの政令をまともに遵守しようと考えている者はいないと批判している。彼がそのように見なしたのは、この政令にその本質を損ないかねない例外が認められることになったからである。一八六七年一〇月二六日、当時の沿バルト海諸県総督（ピョートル・アルベジンスキー）は、ドイツ語の使用が認められる場合をいくつか例外として挙げたという。その中でもサマーリンを憤慨させたのは、「バルト海沿岸地方における貴族および市の公共施設」と「福音協会とルター派の宗規」でのドイツ語使用が認められたことである。サマーリンによれば、この例外によって政令そのものの意義が失われた[50]。確かに「公共施設」は、きわめて幅広い解釈が可能であり、あらゆる場所にこの例外を適用することが可能であろう。さらに宗規でもドイツ語が使用可能となれば、「公共施設」と併せて、ほとんどの局面でドイツ語が使える。またサマーリンは、ロシア語への切り替え期限が設定されていない点も批判した[51]。

このようにロシア語の公用語化の進捗状況を憂える一方で、サマーリンはバルト海沿岸地方のロシア系住民の生活状況に目を向けている。ロシア帝国内にありながら、ロシア人が不利な状況を強いられている現実を指摘して、同地方における反ロシア的な状況を訴えている。

モスクワあるいはオレンブルクの商人や貴族から請願書が郵送されてきたら、判事は自らドイツ語に翻訳する労をとるだろう。しかし、ロシア系のリガ商人がロシア語で請願書を出しても、この判事は受け付けない。これがこの地方のロシア人植民地の現状なのだ。(52)

このように、ロシア政府の意思がバルト海沿岸地方において殆ど反故にされている現状を暴露しつつ、サマーリンは、その原因を二つ指摘している。第一の原因は、この地方における複雑に入り組んだ社会的関係を統治する困難に直面した歴代の沿バルト海諸県総督が、バルト・ドイツ人を全面的に擁護する方針をとってきたことである。そしてその結果、バルト海沿岸地方は次のような混乱状態に陥っているという。

法は地域の法的伝統と争い、帝国の立法機関は地域のそれと争っている。また二つの信仰が争っている。……そして三つの民族性（народности）が争っている。公認の支配民族、実際の支配民族、そして被支配民族。さらには、都市の貴族と都市プロレタリアートが争い、土地のない農民と地主が争っている。この地方は、すべてがこの闘争と摩擦の渦中にある。(53)

このような環境下で沿バルト海諸県総督が中立性と独立性を維持しながら、なおかつ政府高官としての栄達をも考慮しなければならないとすれば、中央政府に太いパイプをもつバルト・ドイツ人貴族や知識人に盾突くことなく、主体性を発揮しようとは考えず、現地のバルト・ドイツ人エリートがお膳立てしたとおり、ただ「署名する」ことが最も無難であったと、サマーリンは指摘する(54)。

次いで、ロシア政府の意思が無視される第二の原因に言及するのだが、サマーリンがより深刻にとらえ、危険視したのはこちらの方である。一見、伝統的な秩序と特権の維持を求めているだけのようなバルト・ドイツ人には、密かにあたためてきた民族的野望がある、それが原因だとサマーリンは主張する。そして一八六〇年代にいたって、この野望はいわば「行動綱領」として、バルト・ドイツ人の意識において自覚的なものになったと指摘している(55)。その主旨は、「バルト海沿岸地方をドイツのために守らなければならない。そのためには、よき時代の到来を期待しつつ、中世的な社会制度のもとで、ロシア社会から完全に分かれて、この地域を支えなければならない(56)」〔強調引用者〕というものだという。

そして注目すべきは、この「行動綱領」を現実化するため、バルト・ドイツ人が三つの課題を設定していたという指摘である。サマーリンによれば、第一にラトヴィア人とエストニア人のドイツ化、第二にバルト・ドイツ人社会の団結である(57)。そして最後の課題は、バルト海沿岸地方とロシア国家の関係に関するもので、サマーリンが最も深刻に受け止めたものである。

この課題は、いわば地方的ゲルマン主義（провинциальный германизм）を身分的特権の古く損傷した器から、将来予想される衝突に耐えうる、より丈夫な素材でできた器に移し替えることである。換言すれば、政府に気づかれないやり方で、政府にバルト・ゲルマン主義（балтийский германизм）を政治的民族性（политическая национальность〉として認知させることである。[58]〔強調引用者〕

つまり、第三の課題とは、将来のロシア帝国内におけるロシア・ナショナリズムとドイツ・ナショナリズムの衝突に備えるべく、ロシア国内のドイツ民族の地位を向上させることだというのである。一応付言しておくが、バルト・ドイツ人はこのような「行動綱領」を文書化したことも、公言したこともない。あくまでこれらの課題は、サマーリンの理解に基づく、バルト海沿岸地方の諸問題の背後にある「隠された真実」でしかない。彼はその「真実」の存在を指摘しながら、バルト・ドイツ人をロシア国家に対して面従腹背を決め込みながら、密かにドイツ民族の勢力拡大を目論む人々として描き出したのである。

本節での検討によって明らかなように、『ロシアの辺境』におけるサマーリンは、バルト海沿岸地方で生じている事態が偶然によるものではなく、バルト・ドイツ人の公になっていない、自らの勢力拡大という「意図」によって、必然的に生じた現象であるという立場を明確にしている。これは先述の陰謀論の一般的特徴と寸分たがわず符合するものである。またサマーリンは、「煽動（агитация）」、「宣伝（пропаганда）」、「陰謀（заговор, интрига）」、「奸計（козни）」といった、攻撃的かつ挑発的な用語を積極的に使用している。これらもバルト・ドイツ人の〈陰謀〉を際立たせている。例えば、正教徒になった農民のルター派への再改宗問題を説明した際、その原因を「ドイツ人の陰謀」に求めた箇所が印象的である。

中立を保っていたある総督〔ゴローヴィン〕は自分の城で孤立し、信用できるのは、何人かいた側近のロシア人官僚だけであった。彼は陰謀（интрига）でがんじがらめであった。目、耳、手を押さえられたうえに、ペテルブルクにおいてさえ、彼の寝首を掻こうと奸計（козни）をめぐらす者たちに何時も追われていたのである。最終的に、総督に着任したスヴォーロフ公爵のとりなしによって、正教は変わってしまった。これは決して看過してはならない。なぜなら、人間に信仰を強要することなどできないからである。この地方の信仰は、ドイツ人の陰謀（немецкая интрига）によって買収され、暗示を吹き込まれた不純な確信によって確立され、暴力によって支えられてきたのだ。[59]〔強調引用者〕

このようにサマーリンは、一連の問題の背後にあるのは、バルト海沿岸地方のドイツ化または反ロシア主義であると結論づけ、オストゼイ問題を陰謀論的に描写して見せた。ただし注意が必要なのは、前節で述べたように、『ロシアの辺境』は、サマーリンが意識的に自らをデマゴーグ化しながら執筆した可能性があることである。公文書のなかには、一八六〇年代後半には、政府主導の改革に抵抗して特権に固執していたバルト・ドイツ人貴族のなかにも徐々に意識の変化が見られるようになったことを伝えるものがある[60]。そのような動向には一切触れないサマーリンの陰謀論的説明を額面通りに受け入れるわけにはいかない。しかし、サマーリンとこの公文書のどちらが「真実」を物語っているのかは、それほど重要な問題ではない。重要なのは、陰謀論というべき内容と構造をもつ書物が、サマーリンのような当時のロシアを代表する誉れ高い知識人によって出版され、その言説が社会に流布したことである。

なお、『ロシアの辺境』は、一八六八年から七六年にかけて、第六分冊まで出版された。しかし、本書での考察対象は、基本的に第一分冊のみである。それは、第一分冊以外の『ロシアの辺境』が、第二分冊を除き、ほとんど読者の反響を呼ばなかったことと関わりがある。本書の著者の関心は、『ロシアの辺境』がいかなる意味でセンセーショナルであったかという点に向けられている。それゆえ読者の反響が確認できないものは、検討の対象から外した。反響を呼ばなかったのは、第一分冊とは違って、ロシアの新聞や雑誌で話題にならなかったからである。ロシアで出版が許されなかった上に、一八七〇年代のロシアは、バルト海沿岸地方に関する記事が定期刊行物の紙面を賑わすような状況でもなかった。

もっとも、サマーリンの基本的な主張は、第一分冊でほぼ言い尽されている。第一分冊と同時に出版された第二分冊は、正教に改宗したことで苦境に陥ったインドリク・ストラウミト（Индрик Страумит）というラトヴィア人農民の手記が紹介されている。第三分冊では、一八四一―四二年のラトヴィア人の正教改宗運動が描かれている。第四分冊と第五分冊では、バルト・ドイツ人とその同盟者の反ロシア主義について論じられている。第六分冊は、一八一九年のリフラント県における農奴解放への批判である。

第四節　バルト・ドイツ人の困惑

陰謀論は、とりわけ危機的状況においてより効果的に人心を惑わせる。[61] その意味で一八六〇年代後半という様々な問題が噴出した混沌とした時代において、〈陰謀〉というイメージがもつ衝撃の強さは計り知れない。政府高官たちは、当時においてすでにカトコーフの言う「ポーランド人の陰謀」とロシア帝国各地に現れつつあった分離主義的あるいは破壊主義的な主体性の問題（「致命的問題」（「はじめに」註（11）参照））の結びつきに敏感になっており、脅えていた。

そのようなポーランド問題への恐怖心を背景に、サマーリンは『ロシアの辺境』において、オストゼイ問題とポーランド問題を「関連」づけようとした。例えば、次のような箇所で明確に指摘している。

国外のバルト関連の煽動については、ドイツのプロパガンダとポーランドのプロパガンダのあいだで締結された緊密な同盟に注意しないわけにはいかない。プロイセンでは、真っ先に見せかけの被抑圧者であるバルト・ドイツ人を支援する声をあげたのは、ポズナニのポーランド人だったように思われる。彼らは自分たちの新聞紙上で、ルター派信仰とドイツ民族性（Немецкая национальность）を待ち受けているであろう、辛い運命を思い、前もって嘆き続けている。[62]

ポーランド問題とオストゼイ問題の「関連」づけの先駆者はカトコーフである。しかし、サマーリンによってより詳細にバルト海沿岸地方における「ドイツ人の陰謀」の「全貌」が暴かれたことが同時代のロシア人に深刻な衝撃を与えたことは想像に難くない。実際に『ロシアの辺境』が大反響を呼んだ結果から見れば、この二つの社会問題が関連し合い、ロシアを蝕み、ロシア帝国を分裂させようとしているという陰謀説は、一八六〇年代の混迷期を生きていたロシアの公衆が求めていた社会病理への解だったといえる。

その一方で、『ロシアの辺境』のような主張に違和感を抱いていた人々もいた。既に述べたように、出版戦争においてロシア批判に筆を揮った人々とは違って、一般的なバルト・ドイツ人は、帝政末期になるまで、ロシア帝国への忠誠を守り続けた。また一般論として言えることだが、封建的支配層は、自分たちの生活を保障してくれる中央政府への忠誠心は抱いても、特権や出生による差異を否定し平準化しようとするナショナリズムに対しては、敵対的あるいは冷淡なものである。[63]だから、当の自分たちが帝国を分裂させる陰謀を企てているなどという主張には、首肯しえなかったに違いない。

このような違和感を物語る例として、バルト・ドイツ人で宮内官であったアレクセイ・クルゼンシュテルンという人物の『ロシアの辺境』に対する反応を紹介しておきたい。彼は、著名な海軍将官フェルディナント・ウランゲリに宛てた手紙（一八六九年二月二五日付）において、次のように述べている。

バルト海沿岸地方にドイツ人が居住し始めてから六〇〇年も経った今になって、サマーリン氏はエストニア人とラトヴィア人のゲルマン化を非難している。これこそバルト・ドイツ人にとって最も重要な政策であり、我々はこれら三県とロシアのあいだに万里の長城を築き、沿バルト海諸県の分離を目論んでいるという。そして我々の最終的な野望は、この部分をドイツと合併させることだそうだ。私は怒りとともに、この全く事実に反する中傷を退けたいと思う[64]。

クルゼンシュテルンはこの引用した箇所以外の部分でも、いかにバルト・ドイツ人がロシア帝国に献身的であったか、ドイツではなくロシアに愛着を持ってきたかについて、延々と書き連ねている。またこのような認識は、管見によれば、クルゼンシュテルンに特有の個人的なものとはいえない。例えば一八六九年にエストラント県のバルト・ドイツ人貴族たちが作成した「エストラントの帰属およびリフラント福音ルター派教会事務局の教会問題に関する請願および報告案[65]」において顕著なのは、クルゼンシュテルンの書簡と同様に、自分たち貴族は自己犠牲をいとわずロシア国家に貢献してきたことの強調である[66]。また、一八六〇年代後半において、ロシア帝国内のルター派教徒にとって何よりも大事な宗教的寛容の基盤が破壊されようとしているとの指摘もある[67]。これは、文中に具体的な明示がなされていないが、前節でも言及した、正教徒と非正教徒の異宗婚によって生まれた子に正教式の洗礼と養育を義務づけた一八六五年の法令を批判したものであることは明らかである。

しかし、こうした自己評価および現状認識とは無関係に、一部のロシア人にとって既に不信感を呼び起こす存在であったバルト・ドイツ人は、一八六〇年代後半という時期に至ってドイツ統一を目指すプロイセンというファクターが浮上したことで、さらにロシアの公衆の猜疑心を掻き立てる、怪しむべき存在と見なされるに至った。そしてサマーリンという第一級の知識人が陰謀論のスタイルによってバルト・ドイツ人を描いたことで、ロシアの公衆はバルト・ドイツ人を問題視するほうに傾いたといえる。カトコーフによって「ポーランド人の陰謀」とオストゼイ問題の関係が喧伝され、バルト・ドイツ人は危険な民族問題の主体というロシア人の疑念がつのるなか、サマーリンの著書は明確にその疑念の正当性を肯定したのである。

小括

前章で確認されたように、一八六〇年代前半頃までバルト・ドイツ人は、バルト海沿岸地方の特権階層であり、ロシア帝国に多大な貢献をしてきた優良な忠臣と見なされてきた。しかし、一八六〇年代のロシア国内外における一連の事態、すなわち大改革、第二次ポーランド反乱、ドイツ統一運動、パン・スラヴ主義イデオロギーの隆盛、出版戦争を経て、ロシア社会から厳しい眼差しを向けられる存在に転化していった。さらにその過程で、バルト・ドイツ人のロシア帝国における存在感もまた、一八六〇年代以前のそれとは異質なものとなったことも確認できた。一八六〇年代後半のロシアには、「根なし草」のようなコスモポリタンとして特定の民族に自己同一化していない集団とされていたバルト・ドイツ人を、ロシア帝国に対しては面従腹背し、密かにドイツ民族の影響力拡大を狙う民族集団であり、ポーランド問題と並ぶ危険な民族問題、オストゼイ問題の主体であると捉える言説が台頭したのであった。

そしてこのような言説の中心人物はカトコーフであり、さらにその正当性を裏付けたのがサマーリンの『ロシアの辺境』であった。同書はオストゼイ問題の「本質」は、バルト・ドイツ人とその取り巻きのロシア人の反ロシア的な〈陰謀〉にあるとした。サマーリンがオストゼイ問題をめぐる論戦において特別な地位を占める思想家であることは間違いない。しかし、その一方で指摘しなければならないのは、カトコーフの果たした役割の大きさである。同書の核心的コンセプトが「ドイツ人の陰謀」にあったとすれば、右に見たように、彼こそ、民族的陰謀というコンセプトの原型を準備し、それが人口に膾炙する素地を整えた思想家だからである。彼らは、単にバルト海沿岸地方の諸問題をロシア社会に知らしめただけでなく、「ポーランド人の陰謀」と結託して政治的民族としてのドイツ民族の承認を目指す「ドイツ人の陰謀」が存在すること、それがロシアにとって致命的問題として浮上しようとしていることをロシア社会に広めたのである。

『ロシアの辺境』は、単にオストゼイ問題の「本質」を暴いた書物であるばかりか、各方面に多大な衝撃を与え、政治的にも重要なインパクトを与えることになった。この点に関しては次章で詳しく論じたい。

（1） Катков 1897 [1868 г.]. С. 3.
（2） Феоктистов 1929. С. 105.
（3） Твардовская 1978. С. 30.

（4） 近年発表された主なカトコーフ研究においても、おおむね「公職なき政治的実力者」という評価はそのまま受け継がれている。例えば、以下の研究。Санькова 2007; Кулешова 2013; Попов, Велигонова 2014.

（5） Кулешова 2013. С. 24.

（6） См.: Попов, Велигонова 2014. С. 34.

（7） 著者の知る限り、カトコーフ自身が「ロシア国家性理論」を体系的に論じたことはない。後世の人間が彼の理論をそのように呼んだのである。今日、この理論には、次のような説明が与えられている。「この理論〔ロシア国家性理論〕によれば、国家の根幹を成しているのは国家的民族性の統一に基づく一体性である。民族性とは、カトコーフによれば、きわめて国家的な概念である。つまり、種族的なルーツ、言語、歴史的に培われた性格の特徴、道徳、習慣、宗教は、ここでは何の役割も担っていない。一つの歴史的に前進した種族が国家の基礎を成し、国家的統合の名のもとに周辺の他の種族を自身に従わせる。このような種族が国家的民族と呼ばれ、主にこの民族によって支配が確立される」（Ширинянц 2011. С. 511）。

（8） Катков 2011. Т. 2. С. 191–192.

（9） Там же. Т. 2. С. 191.

（10） Там же. Т. 3. С. 9.

（11） Там же. Т. 3. С. 90.

（12） Там же. Т. 3. С. 133.

（13） Там же.

（14） Там же.

（15） Там же.

（16） Там же. С. 135.

（17） Там же.

(18) Там же. С. 136–139.

(19) Самарин 1868. Вып. I. С. VII–VIII.

(20) 例えばゲルツェンは一八四六年、「彼〔サマーリン〕ほどの聡明な人間が、矛盾に耐えかねたかのように、理性の目を閉じ、宗教に安寧を求め、静寂主義に向かい、言い伝えとの関係について論議しているとは、私たちは驚くべき時代に生きているものだ。……また一つ星が墜ちて、消えてしまった」と述べて、当時彼が対立していたスラヴ派にサマーリンが傾倒したことを惜しんだ（Герцен 1954. С. 407）。またサマーリンの友人であったドミートリー・オボレンスキーは、「サマーリンは深遠な思想家であり、誠実で信心深いキリスト教徒であり、そしてロシア的人間であった。私は、彼ほど賢く、才能ある人間を他に知らない」と評した（Оболенский 2005. С. 387）。

(21) カトコーフによれば、『ロシアの辺境』を批判した論客ヴォルデマール・ボックは、サマーリンのことを「デマゴーグもしくはカルボナリ党員」のように見なしていたという（Катков 1897 [1868 г.]. С. 539）。

(22) Валуев 1868. С. 9.

(23) Материалы о цензуре и печати 1870. С. 3–4.

(24) 現代ロシアの政治学者ヴァルダン・バグダサリャンによれば、陰謀論が描く陰謀のコンセプトは、次の七つに分類されるという。すなわち、「民族的陰謀」、「宗教的陰謀」、「地政学的陰謀」、「金融的陰謀」、「社会的周縁者およびアウトサイダーの陰謀」、「官僚組織の陰謀」、「精神生理学的陰謀」である。См.: Багдасарян 1999. С. 160–356.

(25) ビーバーシュタイン 一九八一、五頁。

(26) Barkun 2003. pp. 3–4.

(27) Багдасарян 1999. С. 5.

(28) 実際にサマーリンは、後の『ロシアの辺境』第三分冊の序文において、同書の執筆に際して自らに課した「責任」として、「何も隠し立てせず、婉曲さえも排し、正教徒のロシア人にとって辛い認識に達しても、ひるまないこと」を挙げている（Самарин 1871. Вып. III. С. XXXVI）。

(29) Самарин 1868. Вып. I. С. 55.
(30) Там же. С. 55.
(31) Там же. С. 55.
(32) Там же. С. 56.
(33) Там же. С. 57.
(34) Там же. С. 65.
(35) Там же. С. 66–67.
(36) ПСЗ. Соб. 2-е. Т.40. № 42345.
(37) Самарин 1868. Вып. I. С. 67.
(38) Там же. С. 68.
(39) Там же. С. 75.
(40) Там же. С. 83.
(41) Там же. С. 85.
(42) Там же. С. 86–87.
(43) Там же. С. 87–88.
(44) Там же. С. 92.
(45) Там же. С. 93–94
(46) ОР РГБ, ф. 58II, к. 138, ед. хр. 2, лл. 1–12.
(47) ОР РГБ, ф. 58II, к. 138, ед. хр. 2, л. 1.
(48) ПСЗ. Соб. 2-е. Т. 25. № 23796.
(49) ПСЗ. Соб. 2-е. Т. 42. № 44651.

(50) Самарин 1868. Вып. I. С. 118.
(51) Там же. С. 121.
(52) Там же. С. 122.
(53) Там же. С. 135–136.
(54) Там же. С. 137–139.
(55) Там же. С. 146.
(56) Там же. С. 163.
(57) Там же. С. 163.
(58) Там же. С. 164.
(59) Там же. С. 65.
(60) 例えば、一八六七年二月一二日に憲兵隊長アンドレヤノフなる人物が総督アルベジンスキーにあてて書いたリフラント貴族の司法改革に対する態度に関する報告（Доклад Андреянова полковника корпуса жандармов Петру Павловичу Альбединскому об отношении лифляндского дворянства к судебной реформе 12 февраля 1867 г.）は、特権に固執しない姿勢が示されている（ОР РНБ, ф. 16, ед. хр. 7, лл. 1об.-2об）。
(61) ビーバーシュタイン 一九八一、二六九頁参照。
(62) Самарин 1868. Вып. I. С. 37.
(63) 橋川 二〇〇五、四二一四三頁参照。
(64) ЕА, ф. 2057, оп. 1, ед. хр. 426, лл. 14об.-15.
(65) ЕА, ф. 2057, оп. 1, ед. хр. 427, лл. 1-6.
(66) ЕА, ф. 2057, оп. 1, ед. хр. 427, лл. 1-1об.
(67) ЕА, ф. 2057, оп. 1, ед. хр. 427, л. 2.

第V章 「隠蔽」されるオストゼイ問題

はじめに

本章では、バルト海沿岸地方の情勢に関する論戦の最終局面を論じる。出版戦争の様相を呈した一八六〇年代後半とは対照的に、一八七〇年代には急速に議論は減少し、一八七一年以降のロシアでは、ほとんどこれに関する公的な場での発言は見られなくなる。もちろん、この時期に問題が急激に全面的な解決を見たという事実はない。それゆえ、史料によって裏付けられるわけではないが、オストゼイ問題は棚上げないしは隠蔽されたと考えられる。

本章では、このオストゼイ問題の「収束」に至る過程、論理について論じ、あわせて、その過程と一八六〇年代後半以降のロシア・ナショナリズムとの関係についても論じる。

第一節　『ロシアの辺境』以降の出版戦争

『ロシアの辺境』第一分冊においてサマーリンは、バルト海沿岸地方における一連の問題は、ロシア帝国内でドイツ民族の勢力拡大を目論む「ドイツ人の陰謀」であると主張し、反響を呼んだ。しかし、単にその内容が衝撃的だったというだけでは、同書が論議の的になったことの説明にはならない。なぜならこの本は、プラハ（一八六八年）とベルリン（一八六九年）で出版されたにすぎないからである。すなわち、当時、ロシアでは出版されなかったのである。

『ロシアの辺境』の内容をロシアの公衆に伝える上で重要な役割を担ったのは、紹介者たちである。サマーリンの新著について報じた新聞、雑誌は多かったが、とりわけ重要だったのは、カトコーフとイヴァン・アクサーコフの新聞である。彼らは自分たちの新聞紙上で、極めて好意的に『ロシアの辺境』を紹介した。時には『ロシアの辺境』の断片を引用してでも、その内容を可能な限り詳細にロシアの読者に伝えようとしたのである。セルゲイ・イサーコフによれば、一八六八年に『ロシアの辺境』の出版は禁止されたものの、完全に同書を締め出すほど厳格なものではなく、別の出版物のなかで、断片的に紹介する程度のことは可能だったという(1)。彼らは『ロシアの辺境』の出版以前からオストゼイ問題に関して積極的に発言していたが、同書を得て、さらに勢いづいたといえる。同書をめぐる論戦が行われるようになり、出版戦争は激しさを増した。

カトコーフは、『ロシアの辺境』が出版された一八六八年八月から九月にかけて、四回にわたる特集記事を『モスクワ報知』（八月三〇日、九月四日、六日、七日付）に掲載した。彼の『ロシアの辺境』に対する評価は、次のように好意的なものである。

これは本物の会心作である。バルト海沿岸地方で活動している良心的ロシア人ならば、誰もが備えておくべき卓上参考書となるに違いない。同書はこれ以上にない詳細さで、ポーランド人の陰謀（польская интрига）とは比較にならぬほど危険で如才ない陰謀（интрига）を暴き出している。これはめざましい成功とともに進行中であり、思いつく限りの反ロシア的な諸要素（антирусские начала）と通じているのは明らかである。またそれは、外国の民営出版物のみならず、半官的な出版物によっても鼓舞されている。近隣からの煽動も侮れない。こうしてポーランド人は西欧の影響を受けてきた。次は、すぐ近くにいて粘り強く明確な目標に向かっている連中の番である。[2]

……サマーリン氏はロシアの法律に反対するキャンペーンに限らず、我が国でポーランド人と手を組んだドイツ人の煽動（немецкая агитация）が進行していることをこの上ない明瞭さで証明したのである。[3]

サマーリン氏は、反ロシア的陰謀（антирусские интриги）のうちでも最も危険な本性を著書で描いたことで、社会と政府に大きく奉仕することになるだろう。[4]

ところで一九世紀から今日に至るまで、カトコーフとスラヴ派をロシア・ナショナリズムやパン・スラヴ主義といったイデオロギーを軸とする同一党派として捉える研究が少なからず見られる。[5] しかし実際には、両者はしばしば意見を異にし、対立していた。例えばカトコーフが右の引用箇所で言及しているポーランド問題の基本的認識において、両者は真っ向から対立する。カトコーフにとってポーランド問題とは、不満を募らせるポーランド人貴族のロシア国家に対する忠誠と反逆の問題であった。だから彼は基本的にポーランド問題を宗教問題や民族問題と見なすことに消極的であった[6]。他方、サマーリンにとってのポーランド問題とは、カトリシズムと正教の根源的対立にもとづくロシア・ナショナリズムとポーランド・ナショナリズムの対立のことである。だからこの問題を解決するには、第二章でも述べたように、ポーランドがロシアに完全に統合されるか、ポーランドがリトアニア、ウクライナ、ベラルーシを掌握する夢をあきらめて、完全にロシアから分離するかのどちらかしかない、というのがサマーリンの主張である[7]。

そしてロシア国家観についても、両者は全く異なる。一九世紀後半のスラヴ主義者オレスト・ミレルが主張したように、カトコーフとスラヴ派には決定的な違いがあった。前者における国家とは、それ自体が最高の権威、力の源泉、崇拝の対象であった。ところが後者は、国家自体に権威の源泉を見出さない。スラヴ主義者は、土地と民衆の自由な共同性にねざした社会の力と承認を得た国家に権威を見出すのである[8]。

このようにカトコーフとサマーリンは根本的な問題について対立関係にあり、さらには両者の人間関係も良好ではなかったことを考慮すれば[9]、カトコーフの『ロシアの辺境』評は、最大級の賛辞といってもよいだろう。彼は、『ロシアの辺境』が暴きだした「真実」に同意した。この「真実」――バルト海沿岸地方の諸問題の背後にある「陰謀」の存在は、カトコーフ自身の持論でもあった。彼にとって『ロシアの辺境』は、自説の正当性を裏付けてくれる著作物だったのである。

他方、イヴァン・アクサーコフもサマーリンを援護射撃するかのように、カトコーフを上回る熱心さで、『ロシアの辺境』およびバルト海沿岸地方に関する一連の論文を自分の新聞『モスクワ』(一八六八年九月一〇日、一三日、二二日、二四日、二五日、一〇月八日、一五日付）に掲載した。これらの論文はいずれもサマーリンの著書を丁寧に批評し、その主張を擁護しようとするものである。また、カトコーフの絶賛に完全に同意し、数多くの引用を通じて内容を紹介した。そしてサマーリンがバルト海沿岸地方の「真実」を暴露したことと、出版戦争が過熱化する中で時宜にかなった出版であることを激賞したのである。

著者〔サマーリン〕は、この沿岸地方とロシアの関係を弱めようとする、人為的に連結している奸計（козни）と陰謀（происки）のすべてを露わにし、他方では、我が国の行政と社会が犯した過ちと失策、さらにロシアの国民的利益に反する文字通りの罪を暴いて、長大なリストを示しながら、ロシアが背負うべき責任と使命に気付かせてくれる。[10]

ロシア社会で『ロシアの辺境』が読まれることを願ってやまない。真実は同書の側にあることがわかるであろう。……サマーリン氏の著書の出版は、いま特に時宜にかなっている。というのは、リフラント県高等裁判所の前副判事、ボック氏がベルリンで反ロシア的世論を煽動する統一的機関を組織したばかりだからである。彼が小火船のような自作の定期的怪文書によって、プロイセン民族の愛国心を煽っているのだ。[11]

このように、カトコーフとイヴァン・アクサーコフが『ロシアの辺境』に触発されて書いた文章に特徴的なのは、両者ともに同書が「真実＝陰謀」を暴きだした点を評価している点である。彼らは反ロシア的な西から押し寄せてくる煽動や宣伝の実在を主張してきたが、『ロシアの辺境』はまさにその「存在証明」でもあった。

前章で確認したように、陰謀論はただでさえ混乱した時期において乱れた人心を揺さぶる性質をもっている。「ポーランド人の陰謀」などと並列して語られたバルト海沿岸地方に関する陰謀論がきわめて深刻に受け止められたことは、想像に難くない。特にカトコーフとイヴァン・アクサーコフというロシア第一級の知識人が、やはりロシアを代表する第一級の知識人であるサマーリンによる〈陰謀〉の指摘を絶賛しているのであるから、なおさらである。

しかし、『ロシアの辺境』のような書物を出したことで、サマーリンは諸方面で代償を払うことを余儀なくされた。当然ながら、否定的反応もあった。サマーリンの長年にわたる親しい友人であったエディータ・ラーデン男爵夫人（一八二五—八五年）は、送られてきた『ロシアの辺境』を読み、サマーリンとの絶交をほのめかした後、三ヶ月以上も返事を出さなかった。[12] ちなみにラーデンは、クールラントのバルト・ドイツ人貴族出身である。当時の社交界の中心人物であったエレーナ・パヴローヴナ大公妃[13]（一八〇六—七三年）にその機知と博識が気に入られ、ロシア宮廷社会で評判になったという。また、教養人としても知られ、多くの知識人との交際もあった。さらにルター派新教から正教徒に改宗し、積極的にロシア社会に溶け込もうとした人物でもあった。結果的に、しばらくしてラーデンとサマーリンは和解したが、ラーデンはロシア社会での生活と自身のバルト・ドイツ人という出自との葛藤に、終世、煩悶しつづけたようである。[14]

またロシア政府は、前述のように一八六八年九月、『ロシアの辺境』のロシア国内での出版を禁じ、同年一一月にはモスクワ県知事イヴァン・フォンヴィジンがサマーリンを呼び出し、直に叱責した。[15] その後サマーリンは同年一二月二三日、アレクサンドル二世に書簡を送った。サマーリンは、同書の出版は法的に正当な要求であるとの見解を前面に打ち出し、出版許可を求めたのである。

『ロシアの辺境』第一・二分冊の分量は、一八六五年四月六日の皇帝令によれば、事前検閲の対象にはなりえません。私には事前の許可なしに、ロシアで出版する権利があったはずです。出版に関する法令第一四条に基づき、それが出版される前に政府が差し止めることができるのも存じ上げております。それならば政府は、私を犯罪者として訴追しなければなりません。つまり、私が自分の権利を行使するならば、政府には次の二択しかありません。すなわち、本の自由な流通を妨げないか、私を訴追するかのどちらかです。[16]

またこの書簡では、自著の件に関してだけではなく、ロシアの社会と国家のあり方についても筆が及んでいる。皇帝に書簡を書いたという行為そのものに理解を求めるかのように、「皇帝陛下！……私どもが陛下の姿、言葉、思想に迫ることをやめてしまったら、……陛下への興味をなくしてしまったら、それはあり得ないことが起こったということです。すなわち、私どもが陛下を敬愛することをやめてしまったということなのです[17]」と述べているが、これは皇帝と国民の一体性を理想とするスラヴ主義思想の必然的な帰結である。このように、自分の行動はあくまでも愛国心の発露であることを確認したうえで、ロシア帝国のあり方の現状についての批判も加えている。サマーリンは次のように述べて、現状のバルト海沿岸地方を含む、辺境に対するロシア政府の態度全般に不満を表明した。

ロシア社会がバルト海沿岸地方に背を向け、ポーランドに見切りをつけ、カフカースとフィンランドのことを忘れてしまったら、我が国の辺境に関心を持たなくなったら、それはすなわち、この社会が統一体としてのロシアに愛想をつかしたということなのです。その日からロシアは崩壊し始めるでしょう。また同日には、我が国と敵対するすべての党派や民族の代表者たちは大喜びすることでしょう。ミロスラフスキー、シェド＝フェロッティ、ゲルツェン、ボックらも、その日だけは思想的相違を忘れて、ヨーロッパ各地から友好の宴に駆け付け、帝国が政治的に破綻する前夜を一緒に祝うことでしょう。[18]〔強調引用者〕

ところで、『ロシアの辺境』の出版を許可しなかった皇帝自身の本意は、実のところ、よくわからない。アレクサンドル二世は「バルト・ドイツ人貴族へのシンパシーを隠すことがなかった[19]」という評がある一方で、後段で述べるように、サマーリンの見解にむしろ肯定的であったとも解することができる証言が残っているからである。このロシア政府の決定と皇帝の本意の問題は第三節で論じる。

『ロシアの辺境』以降もジャーナリズムにおいて、バルト海沿岸地方に関する出版戦争は続いた。一八六九年から七〇年にかけては、定期刊行物での論文による応酬の他に、書籍による応酬も見られた。特に目立ったのは、『ロシアの辺境』を非難するバルト・ドイツ系知識人による書籍の出版である。その主なものとして、ボックの『バルト海をめぐるドイツ・ロシア紛争[20]』、シレンの『サマーリン氏へのリフラントの返答[21]』、エッカートによるドイツ語版『ロシアの辺境』（ドイツ語タイトルは『現時点におけるロシアとバルトの沿岸地方』）に付された注釈[22]などが挙げられる。そしてロシア側からは、これらに対する、特にシレンに対するポゴージンとサマーリンの反論書[23]が出版された。またカトコーフは、一八六九年九月一九日付の『モスクワ報知』紙上にて、これらバルト・ドイツ人論客の著作に対する批判をまとめて行った[24]。

ただし、この一連の過程は、泥仕合同然の不毛な応酬であったと言わざるを得ない。ロシア側の主張、すなわち、バルト海沿岸地方には反ロシア的な陰謀がある、バルト・ドイツ人の特権を廃止し、ロシアに統合しなければならないというサマーリンとその賛同者に対して、バルト・ドイツ系知識人は伝統的なバルト・ドイツ人社会の維持を主張する。さらにそれに対して、ロシア側の知識人がバルト・ドイツ系知識人の論拠が前世紀のニスタット条約やオーボの和約であることに驚き、嘆いているだけである。この論戦がもたらした政治的インパクトは、後述するように、小さくなかった。しかし、思想的には、不毛といっていいくらい、取るに足らないものであった。しかも論戦は、決着がつかず、うやむやなまま、いつの間にか収束してしまう。それが一八六〇年代後半のオストゼイ問題の最終局面であった

第二節　『ロシアの辺境』発禁の論理

カトコーフとイヴァン・アクサーコフの新聞による『ロシアの辺境』の好意的な評があった一方、ロシア政府とバルト・ドイツ系知識人からの否定的な反響もあったことは、既に述べたとおりである。なかでもインパクトの大きさにおいて重要な反応は、シレンの『サマーリン氏へのリフラントの返答』（一八六九年）である。内容の分析は次節に譲るが、この著作ほどロシア社会に衝撃を与え、危険視されたバルト・ドイツ系知識人による著作物はなかったといっても過言ではない。そのことは、ロシア政府がこのシレンの本についても、『ロシアの辺境』と同様に発禁という処分を下したことからも想像できる。オストゼイ問題の苛烈化を促進した二つの著作物の禁止というロシア政府がとった措置は、後から見てみれば、問題そのものを隠蔽したかのように見えるのである。

もっとも、一八七〇年代初頭の国際情勢を考慮すれば、この問題に関する議論が封殺された事情はある程度は

得心がいく。この時期の国際政治上の変化として、フランスの国際的影響力の相対的低下とロシアとドイツの協調が挙げられる。一八七〇年、普仏戦争でプロイセンに敗北し、第二帝政が崩壊した後に成立した臨時国防政府は、翌年一月にドイツ軍に開城したパリを捨ててボルドーに移動した。しかし、民衆はこのような事態を認めず、三月に国民衛兵中央委員会を組織して蜂起し、パリ・コミューンの成立を宣言した。こうしたフランスの体制転換につけいったのがロシアである。フランスはクリミア戦争における戦勝国で、パリ条約に黒海中立化条項を導入した張本人であるが、ロシアはフランスの敗北に乗じて、一八七〇年一〇月、黒海中立化条項の破棄を条約調印国すべてに通告した。イギリスとオーストリアが抗議したが、ビスマルクは両国を支持しないことで「クリミア体制」清算に一役買った[25]。またパリ・コミューン後、帝政同士の関係は緊密になり、一八七三年には露独軍事協定、オーストリアも含めた三帝同盟が結ばれた。こうして一八七〇年代のロシアにとってドイツは、外交・安全保障面での重要なパートナーとなった。その意味で、両国の対立を煽るバルト海沿岸地方に関する議論が疎まれたのは、自然な流れともいえる。

しかし、この外交的関係による説明も十分とはいえない。なぜなら後述のように、ロシアの政治エリートは一八六〇年代後半には中長期的にはオストゼイ問題を「解決」し、バルト海沿岸地方をロシアに「統合」する意向を示した形跡があるからである。つまり、右記の露独関係がフランスの敗北やパリ・コミューンといった一八七〇年代の偶発的要因に起因する以上、一八六〇年代において既に問題解決を念頭に置いていたとすれば、外交的な利害とは異なる論理が存在したはずである。結局のところ、オストゼイ問題に関する言論が封殺されたという事態は、一八六〇年代から温められていた中長期的な辺境統合の論理がまずあって、それが結果的に一八七〇年代のロシア外交の論理とも整合したと考えなければならない。ところが過去の研究では、次のような見解が一般的である。

忠実なバルト・ドイツ人貴族に対して、革命との闘いにおける政府の砦として常に好感をもっていたアレクサンドル二世も、サマーリンの著書（『ロシアの辺境』）に揺さぶられた人間のひとりであった。皇帝の命令に従って、モスクワ県知事はサマーリンを厳しく叱責した。これによりサマーリンは有名な『皇帝への手紙』を書くことになったのである。皇帝も出版界でのサマーリンの著書に関する議論の拡大を許容しようとは全く思っていなかったので、新聞の編集者たちに対しても戒告が行われることになった[26]。

要するに、サマーリンの言説に不快感をもった皇帝が封殺を命じたという説明である。実際に『ロシアの辺境』第一・二分冊出版後、「政府への信頼をかなぐり捨て……皇帝陛下に対して罪を犯した」との皇帝からの叱責を受け取るなど、『リガからの手紙』の時と同様に、サマーリンが政治的な圧力を受けるようになったのは確かである[27]。また、『ロシアの辺境』以外でも、一八六九年四月に『ロシアの辺境』を支持したイヴァン・アクサーコフの『モスクワ』が廃刊になったが、その理由は主にバルト海沿岸地方に関する論調にあった。例えば、「〔エストニア人とラトヴィア人との関係に関して〕貴族に乱暴で憎らしいイメージを付与した」「貴族および現地の行政が反ロシア的であると非難した[28]」ことが問題とされたのである。その意味で、バルト・ドイツ人に関する不快な言説を封殺するという方針は一貫していたといえる。

しかし、ことはそれほど単純ではない。というのは、アレクサンドル二世からして、「実は『ロシアの辺境』に好意的であった」という証言もあるからだ。例えば、皇帝と親しかった有数の大地主で、当時、ペテルブルク県貴族会長の要職にあったヴラジーミル・オルローフ＝ダヴィドーフは、『ロシアの辺境』が出て間もない時期の日記（一八六八年一〇月一日付）に、アレクサンドル二世は同書に肯定的であったと記している。

［　］〔判読不能〕によれば、皇帝はサマーリンと彼の著書『ロシアの辺境』に共感しているそうだ。だが我々はプロイセンに対しては警戒心をもち、侮らないようにしなければならない。彼〔アレクサンドル二世〕は、バルト地方の臣民との講和条約と彼らの財産を守ることについて、いささかの客観性も認めていないようだ。(29)

また、一八六八年当時、外国検閲委員会議長を務めていたチュッチェフも、オルローフ＝ダヴィドーフとほぼ同時期に同じ趣旨の証言を残している。立場上、政府の検閲に関する見解を直接知り得たチュッチェフは、親しい人に政府内の反応を非公式に伝えることがあったという。(30)娘アンナ・アクサーコヴァ（イヴァン・アクサーコフの妻）にあてた手紙（一八六八年一〇月三日付）は、そのような手紙の一つである。そこでチュッチェフは、アレクサンドル二世が『ロシアの辺境』を非難するどころか、それを問題視する様子もなかったと述べている。

新聞に掲載された抜粋を通して小冊子〔『ロシアの辺境』〕を読んだ皇帝は、なぜサマーリンはロシアではなく、国外で本を出版する必要があると思ったのか、理解できない、同書のテーゼは政府の方針と全く軌を一にしているのに、とでも言いたそうであった。(31)

実はその前年、イヴァン・アクサーコフが『モスクワ』にサマーリンによる二本のバルト・ドイツ人批判論文を掲載した際、チュッチェフは、これとは正反対の政府の反応を娘に伝えている。「論文はともにきわめて大きな印象を与えたものの、繰り返すが、残念ながら、事態に悪影響を及ぼすかもしれない。……今は信念をもって動くべき時だが、最も危険なのは、常識に反して興奮状態を引き起こすことだ」[32]と書き、アクサーコフと新聞の将来を案じていた。約一年半の間で何かが変わったのか、あるいは何も変わっていないのか、確定する材料を著者は持ち合わせていない。また、ここに列挙した証言はいずれも断片的な記述であるとともに、オルローフ＝ダヴィドーフとチュッチェフが記述の際に依拠したはずの情報の出所も定かではないので、これらの証言を重視しすぎるのは問題である。そもそも同じ人間が常に同じ発言をしているとは限らないし、単に軽口を叩いただけかもしれない。

しかし、いずれも政府に通じた第一級の知識人による私的な記録であり、ある種の本音が反映されている可能性も捨てきれない。少なくともアレクサンドル二世が何らかの変化の必要性を認めていたことを示す証言にはなると思われる。つまり、問題の封殺は、アレクサンドル二世以下のロシア政府のエリートたちがバルト・ドイツ人に無批判であったことを意味しない。批判的な言論を封殺せざるを得ない事情があったのである。結論からいえば、バルト海沿岸地方の現状に対していかなる見解であれ、ロシア人（民族）とドイツ人（民族）の対立を煽りかねない言説は許容できなかった。だから、サマーリンを攻撃したシレンの本も発禁にしなければならなかったのである。

第三節　カール・シレンの『サマーリン氏へのリフラントの返答』

本節では、本書においてしばしば言及してきたシレンの著作、『サマーリン氏へのリフラントの返答』を検討する。それに先立ち、一般的にはほとんど無名に近い人物なので、プロフィールをやや詳しく紹介する必要があると思われる。彼の生涯を伝記的に紹介したのち、同書の内容について論じたい。

シレンはルター派牧師の息子として一八二六年、リガで生まれた。一八四四年デルプト大学に入学し、古典文献学を修める一方、ロマンス諸語、スカンジナヴィア諸語を含むゲルマン諸語、スラヴ諸語を学んだ。また、人類学的な関心から、南洋諸島の方言の研究に着手したこともある。さらに歴史、地理学にまで手を広げ、詩文学に関する著述活動にも熱心であったが、やがて彼の主たる学問的関心は歴史学に向けられていった(33)。

一八四〇年代を研究者としての研鑽期として過ごしたシレンが、最初に系統的に取り組んだのは、ロシアの教会とリフラント農民の集団的な正教への改宗の問題であった(34)。その後は主にリヴォニア戦争史の研究に従事し、やがてデルプト大学に戻り、一八六三年秋にロシア史の教授に任命された(35)。この時期には、歴史学以外に地理学と統計学の講義も受け持ち、手厳しい批評家、教師、講演者としても活動した(36)。主要担当科目であるロシア史の講義は、すべてドイツ語で行われ、学内でも際立って反ロシア的偏向に満ちていることで知られていた(37)。また既に述べたように、ボックやエッカートらとともに、バルト・ドイツ人の利益を擁護する論客としても著名な存在であった。沿バルト海諸県総督アルベジンスキーの証言によると、彼は自分の研究資金をこの擁護活動の支援者から得ていた(38)。シレンは大学人であると同時に、バルト・ドイツ人の利益を代弁するスポークスマンでもあったのである(39)。

『サマーリン氏へのリフラントの返答』が発禁になった後、彼はデルプト大学教授の職を解かれ、追放同然でリフラントを去り、ドイツのドレスデンに移住した。もっとも、「〔シレンは〕出版時にはすでにロシアからの出国を決意していた。……彼はデルプトでの教職を失ったが、物質的には何も失っていない[40]」というカトコーフの指摘もある。「計画的出国」であったかどうかはともかく、その後もシレンはバルト・ドイツ人支援者の資金提供を受けて、反ロシア的な言論活動を継続した。また一八七四年から一九一〇年に亡くなるまで、キール大学教授であった[41]。

シレンの死から二〇年余り経過した一九三二年、キールで「カール・シレン協会」というバルト・ドイツ人の文化資産の保全を目的とする団体が発足する。当時すでに多くのバルト・ドイツ人がドイツに移住していた。元バルト・ドイツ人が多く移住した都市の一つであるキールでは、元バルト・ドイツ人団体がいくつも存在していた。そのうち、「沿バルト海歴史委員会」と「バルト・ドイツ人貴族同盟」が合併し、カール・シレン協会は発足した[42]。このような文化団体の名称になったことからも察せられるように、シレンは、元バルト・ドイツ人にとって、その独自の文化と精神の象徴であるといっても過言ではない人物なのである。

カール・シレン（1826–1910 年）

シレンの立場は、『サマーリン氏へのリフラントの返答』の内容にも反映されている。彼はまず『ロシアの辺境』の中心的概念である「ドイツ人の陰謀」を批判する。サマーリンはバルト海沿岸地方が置かれた状況について、ロシア国家に対して面従腹背を決め込むバルト・ドイツ人と彼らと結託したロシア人による〈陰謀〉として非難した。これに対してシレンは、バルト・ドイツ人は陰謀を企むどころか、ロシア帝国によりすがって生きるしかない、しかもロシアへの同化圧力にさらされてきたか弱い被害者であるとの立場を表明している。例えば、次の箇所である。

閑静な田舎から都会に投げ出されたバルト地方の知識人は、正義と安全を求めている。現地の権力者に協力しているとはいえ、いまなお内心では安穏を求め、少しでも理解されようとし、道徳的であろうと努めている。彼らは自分たちの権利に依存してはいない。法律の庇護に縋りながら、現状とこの県が属する国家〔ロシア〕の利害に身を任せているのである。

陰謀（Intrigue）とは！　陰謀（Intrigue）、中傷である！[43]

さらにシレンは、自分たちを脅かしている「野蛮」で「粗野」なロシアを、次のように戯画化し、揶揄しながら、自分たちは「潔白」だと主張することで、サマーリンが主張する「ドイツ人の陰謀」が見当違いであることを強調するのである。

皇帝陛下、私どもには少しばかりのお願いがございます。……良心を踏みにじることに賛同してください。そうすれば、正教会の将来は安泰です。国中の裁判所を廃止し、土地に関する諸関係を白紙に戻してください。法と権利、契約を破棄してください。県を完全に廃止してください。……真の解放者として、ロシア人が集まる国民集会で、支配者種族の本能（der Instinct der herrschenden Race）以外、何もないことを説明してください[44]。〔強調引用者〕

ここで注目すべきは、「種族（Race）[45]」という用語である。シレンは、「野蛮」と「本能」で生きているロシア人、彼らの粗野な支配に甘んじているバルト・ドイツ人のイメージを強調しようとする。その際、執拗にこの「種族」という用語を使用している。「ロシア人」など、国民（Volk）の呼称ですらないと言わんばかりに、シレンは集合体としてのロシア人を表現する局面で、しばしば「種族」という言葉をあてている。そして次のようにロシアの「無能」、「後進性」、「弱さ」を書き連ねていく。最終的に、それらは、ロシア人が「種族」にとどまっている野蛮さと関連づけられるのである。

あなた方ロシア人の性格を見る限り、私にはあなた方に統治権が与えられているとは思えない。分別も手段も自制力も、経験を生かす能力も何もない[46]。

ロシア民族（das russische Volk）は、呑気で穏やかだ。お人好しといってもいいくらいである。ところが、野蛮人といってもいいくらい、自分から何かをつくろうという創造性が欠如している。ロシア人はいつでもその程度のレベルにあり、その本性が変わる徴候は、些かも見られない[47]。

私たちはあなた方の憎悪に、あなた方の弱さの決定的な証拠を見出している。弱い民族（ein schwaches Volk）

は、他民族のうえに立つことはできない。しかし、かの民族〔ロシア人〕は、自分ら統治することができない。種族支配（die Herrschaft der Race）は地方だけでなく、国家をも破壊する。[48]〔強調引用者〕

こうした言説は、二つの意味でロシア人とバルト・ドイツ人を対立関係に至らしめる危険性をはらんでいるといえる。第一に、結果的にロシア人だけでなく、スラヴ人の文化・種族的結合のイデオロギーであるパン・スラヴ主義をも侮辱している点である。このイデオロギーの隆盛期にあたる一八六〇年代後半においてロシア人を「種族」と呼んで嘲笑するシレンは、もはやサマーリンだけでなく、スラヴ世界の有機的つながりに何らかの希望を見出すすべての人間を敵に回しているのである。

第二に、「ロシア人は民族に到達していない、種族にすぎない」という観念が、ロシア帝国とバルト・ドイツ人との蜜月関係にも亀裂をもたらしうる点である。両者は国家への忠誠心とコスモポリタニズムを基盤として共存してきた。それこそ、帝国と特権階層である両者の利害に適っていたのである。つまり、容易に両者が「我々」対「彼ら」という単純な対立に至ることはなかった。しかしシレンは、種族＝野蛮＝後進をメルクマールとしてロシア人とドイツ人を区別しようとしている。小坂井敏晶の言葉を借りれば、「同一性は差異化の運動から生み出される」[49]のであり、シレンの言説は、ロシア人とドイツ人の二つの「同一性」を差異化しうるものであろう。

このように、シレンの著書は、ロシア帝国とバルト・ドイツ人を引き裂く危険な言説を含んでいた。それゆえシレンはバルト海沿岸地方を追われ、著書もロシアで流通が禁止されたのである。また、当時のロシア側の対応が相当に徹底的なものであったことも確認できる。シレンの著書はライプツィヒで出版され、リガ、レーヴェリ、デルプトなどのバルト海沿岸地方にある主要都市を経由してロシアに密輸されることも少なくなかったが、ロシア内務省はこれら都市における検閲体制の厳格化を指示するなど、徹底的に同書を締め出そうとしたのであった[50]。また、シレンに対するロシアの知識人による反撃も見られた。そのなかでも目を引くのは、ポゴージンの『オストゼイ問題――シレン教授への手紙』（一八六九年）である。これはロシアにおける出版戦争の「総集編[51]」ともいうべき書物と見なすことができる。というのは、ロシア側のバルト・ドイツ人に対して表明されてきた「不満」がひととおり表現されているからである。翌年には、ベルリンでドイツ語版も出版された[52]。

同書は、全篇にわたってシレンの『ロシアの辺境』批判に対する、ポゴージンによる反批判である。その主な内容は、次の四点に集約されよう。まず、シレンが「リフラント県民」としてではなく、「ドイツ人」として語っている点に対する批判である。ポゴージンに言わせれば、リフラント、エストラント、クールラントは、ドイツとは何の関係もない、エストニア人とラトヴィア人の「固有の土地」である[53]。そしてバルト・ドイツ人の人口は二〇万人に満たないが、ラトヴィア人およびエストニア人住民の総人口は二〇〇万人に及ぶと指摘し、後者こそ、この地方の主であるべきだと主張している[54]。

第二に、ドイツ語で反ロシア的な講義を行うなどのシレンの振る舞いや思想的偏向は、ロシアの帝国大学のロシア史教授に相応しくないという批判である。特にポゴージンは、ドイツ人、ポーランド人、スウェーデン人、デーン人に支配される前は、バルト海沿岸地方がルーシに属していた過去の忘却を「許し難い[55]」と述べている。

第三に、「野蛮」で「本能」的なロシアに従うことを嫌がるなど、ロシア帝国臣民であることに嫌悪感を示しているにも関わらず、バルト・ドイツ人が「国家内国家[56]」にとどまろうとしていることに対する批判である。確かにシレンらバルト・ドイツ系知識人は、特権の維持を主張し、ロシアへの嫌悪感を露わにしつつ、ときに分離も仄めかしてきた。しかし、それは根本的な矛盾をはらんでいる。特権はロシア帝国臣民という立場があって初めて保障されるのであり、それを享受しながら、ロシアを貶めるシレンが愛国者ポゴージンには許し難かったのである。また、ロシアを「劣等種族」扱いする発言そのものに対しても反論した。ピョートル改革以降の近代化の歩みはヨーロッパにとっても多大な意義をもつ大事業であったと指摘し、ロシアは近代国家として着実に前に進んでいると主張する。[57]

第四の批判は、シレンらバルト・ドイツ人が自分たちの恵まれた境遇にあまりにも無自覚であることに向けられている。シレンは著書で、バルト・ドイツ人には良心の自由、ドイツの行政、ドイツ語、ドイツの法権利が必要だと主張した。[58] これに対してポゴージンは、バルト・ドイツ人はそれら権利や自由のすべてを思うように享受してきたと指摘する。[59]

このポゴージンによるシレン批判の後、サマーリン自身によるシレンおよびボックに対する反批判の書、『ボック、シレン両氏に対する『ロシアの辺境』に関する返答』が一八七〇年ベルリンで刊行された。しかし、この著作には殆ど見るべき議論はない。特にボックに関しては、サマーリンが愚かで私怨[60]にもとづいて親バルト・ドイツ人的な沿バルト諸県総督を叩いてきた、ボックのドイツ語テクストを意図的に歪曲した[61]などといった、およそ生産的とは言えない批判を反駁しただけである。そしてシレンに関しても、サマーリンは、シレンが著書で書き連ねた自分およびロシア人に対する中傷を退けようとしているだけである。

このように、ポゴージンとサマーリンによるバルト・ドイツ人イデオローグに対する反論は、出版戦争の最終局面となったが、そこには特に目新しい展開は見られなかったと言わざるを得ない。せいぜいこれまでの議論を総括する以上の意味はなかったというしかない。

シレンの『サマーリン氏へのリフラントの返答』という著作の登場と発禁は、結果的にサマーリン、シレンの著作はともにロシア政府にとって不都合な言説を含んでおり、どちらも認められないという政府の立場を浮き彫りにした。サマーリンの「ドイツ人の陰謀」論とシレンの「バルト・ドイツ人＝被害者にして文明的民族、ロシア人＝劣等人種」論は、真っ向から対立する立場でありながら、ともに双方のナショナリズムを煽り、ロシア帝国に打撃を与えかねない、危険な言説であった。それゆえ一八六〇年代末の時点では、オストゼイ問題が公で議論されたものの、それがロシア人とドイツ人の民族的対立という構図を映しだそうとした途端、ロシア政府にとって許容できない議論になった。とすれば、その直後からオストゼイ問題関連の議論が途絶えたという事態の背後に、政府あるいは最高権力において、問題の隠蔽に向けた何らかの意思があった可能性を想定しうるのである。

第四節　ロシア政府から見たオストゼイ問題

本節では、オストゼイ問題の「隠蔽」をロシア政府の側から検証する。まず注目すべきは、当時のロシア政府で大きな影響力を行使していた「貴族党（аристократическая партия）」と呼ばれたグループである。このグループは、リベラル派が主導した大改革を批判し、政府、警察、教育、土地所有のあり方を改め、貴族階層の利益を擁護しようとする人々からなっていた[62]。

そして彼らには、バルト・ドイツ人社会との関わりが深いという特徴もあった。第一章でも論じたように、ロシア官界での栄達にとって、バルト海沿岸地方での勤務歴と人脈は非常に重要な意味をもっていた。例えば、ニコライ一世に近い宮内官を父親、エカチェリーナ二世の寵臣だったズボフ公の未亡人を母親に持ち、アレクサンドル二世の学友だった経歴を生かし、当時内政面で強大な影響力を誇っていたシュヴァーロフを始めとして、[63]貴族党の中心人物たちは、いずれもバルト海沿岸地方における勤務歴と人脈をもっていた。[64]シュヴァーロフにいたっては、やはりこのグループの一員であったアルベジンスキーらとともに「［バルト海沿岸地方の］分離の熱烈な支持者」として、サマーリンに名指しで非難されたこともある。[65]要するに、この「貴族党」は、当時のいわゆる「ドイツ党（немецкая партия）」とも重なっていたのである。[66]

また前出の大地主、オルローフ゠ダヴィドーフもこの貴族党の一人と見なされていた。反リベラルの急先鋒的イデオローグであった彼は、大改革の準備が進むなか、バルト海沿岸地方における農奴解放の調査をもとに、「エストラント県の農民に関する法規」[67]（一八五七年）という論文を発表している。この論文で彼は、近代的な農業経営形態としてエストラント県の農民に関する法規において導入された独立農場（Wirtschaft, ферма）ごとに土地を分割する制度を高く評価し、同制度の全ロシアへの導入の必要性を主張した。彼は、この制度を全ロシアに広めることこそ、ロシア農業近代化への近道と考えていたのである。[68]

また、この論文におけるオルローフ゠ダヴィドーフの主張は、リベラル派が主張する「土地付き解放」案に対するアンチテーゼであったといえよう。若くしてイギリスに留学し、エジンバラ大学で法学博士号を取得した彼は、終生、私有財産権に立脚したイギリスの社会経済システムの信奉者であった。だから彼は、所有とは労働の結果であり、全員に無条件に分配されるべきものではないという見地から、土地を貴族から収奪して分配するという発想に批判的だったのである。[69]

このようにオルローフ゠ダヴィドーフは地主の利益を擁護した。それはバルト・ドイツ人地主についても同様であった。例えば、「バルト・ドイツ人地主および南西地方の地主に関する新聞の論説に対する回答」（一八六六年一月一八日付）と題されたメモにおいて、「オストゼイ諸県は二月一九日の法令〔農奴解放令〕の例外(70)」であり、「全ロシアに農場制を漸次的に導入するためのモデルとして、バルトの諸制度は維持することが望ましい(71)」と述べている。また、「それとは反対の要望、すなわちロシア愛国主義を喧伝し、ドイツ的な仕組みに反対する側が優勢になっている(72)」と述べて、出版戦争によって高まりつつあったロシア・ナショナリズムの台頭に懸念を表している。

このように貴族党と呼ばれた人々は、概してバルト・ドイツ人贔屓に見える。しかし、彼らのバルト海沿岸地方に対する考え方は、一方的にバルト・ドイツ人に阿るようなものではなかったことは先行研究でも論じられている。例えば、ヴァルーエフのバルト海沿岸地方に関する理念について論じたユリア・ミハイロヴァによれば、彼は、内務大臣だった頃（一八六一―六八年）、既にバルト海沿岸地方における改革の必要性は認めていて、実際に着手し一定の成果を上げた。その戦略は、地域固有の事情への配慮を怠らないことであった。特にバルト・ドイツ人地主の所有権に抵触しかねない、伝統的な土地関係の破壊は避けなければならないとの見解を抱いていた。だから彼は、農民全員への土地分配を主張する反バルト・ドイツ人的なロシア・ジャーナリズムの規制、あるいはラトヴィア人とエストニア人の請願運動の規制に力を入れたのであった(73)。

しかし、それはバルト・ドイツ人貴族側に一方的に妥協することを意味するものではない。ヴァルーエフは、既に保証されている権利を剝奪しようとする立場には与しないが、既存の権利を超える権利、自治の拡大には否定的であった(74)。確かに彼の内相在任中に行われた改革は、小作農民だけでなく、土地なし農民にも、共同体運営に関する選挙権を与えた郷改革(75)（一八六六年）や、ロシア語導入に関する政令（一八六七年）の公布などで、バルト・ドイツ人の特権を削減しようとするものではなかった。それらは、サマーリンらバルト・ドイツ人の特権の廃止を求めていた人々には弱腰に見えた。しかし、ヴァルーエフ自身は十分と考えていた。一八六〇年代後半当時、既に非貴族階層（手工業者、商人、プチブルなど）の権利が拡大しつつあり、特権階層の圧倒的優位にも陰りが見え始めていたからである。[76]

このようなバルト海沿岸地方の改革の背骨となったヴァルーエフの基本的理念は、後に公刊された彼の『日記』、未公刊の綱領的文書「政府から見たバルト問題」[77]（一八七〇—七一年）にも窺える。例えば、一八六八年一一月頃にヴァルーエフ自身が書いた日記には、次のような註が付されている。

沿バルト問題とは何か？　それはバルト海沿岸地方とロシアの最終的かつ強力な統合、同地方に根付いた国家的統一性の基礎の発展、この統一性に相反する要素の弱体化と除去、そしてこの統一性と方向性を同じくする諸要素の強化に尽きる。そして最後に、我々が西部国境で政治的な衝突が発生しそうなときには慎重な手段を選ぶのと同様に、ドイツ系住民が多いこの地方においても、彼らの好意が揺らいでいるときには、慎重な手段を選ぶということである。[78]

要するに、時期は述べられていないものの、将来的にはバルト海沿岸地方のロシアへの統合が目標である、そして現状においては必要以上に民族間の対立が生じないように、慎重に行動すべきであると述べている。しかし、この日記は「統合」の具体像が示されているとは言い難い。分離主義に対抗する、ロシアとバルト海沿岸地方の物的・人的関係を深める、正教会を支える、ロシア語を公用語として普及させる、現地の特異性を可能な限り除去する、地域の制度・法律と帝国のそれを対等にするといった、一般的な意見が述べられているだけである。[79]

ロシア政府の綱領的文書「政府から見たバルト問題」に表明された構想においても、将来は同地方をロシアに「統合」することが掲げられている。そのための政策がいくつか挙げられているものの、どのような統合を目指すのかは十分に呈示されていると言い難い。例えばロシア語教育の強化、公用語としてのロシア語使用の徹底、エストニア人とラトヴィア人のロシア化、信仰の自由の尊重、正教とプロテスタンティズムの対立の回避、バルト・ドイツ人への配慮（強制的なロシア化の否定）などが挙げられている。[80] しかし彼らの既得権益を考慮してか、土地関連の問題にはほとんど触れていない。多少なりとも既得権益に関わるのは、一八六〇年代に公布された関連法令について、その実施状況の調査を提案したことぐらいである。[81]

以上のように、ヴァルーエフらが急進的改革を避けつつ、漸進的なバルト海沿岸地方のロシアへの統合を目論んでいたことはわかるが、その具体的な将来像は不明瞭である。ヴァルーエフにとって明らかだったのは、一八六〇年代後半はまだ「統合」のときではないということだけである。

私が沿バルト問題の完全な解決に着手しなかったのは、第一に、ロシアの現状ではそれが時期尚早に思われたからである。第二に、総督と省庁の関係が芳しくないときや、大臣同士に深い亀裂が入っているときには、このような問題は解決しようがないからである。[82]

将来的にオストゼイ問題は解決されなければならないとしても、まだ機が熟していないという見解は、当時の沿バルト海諸県総督アルベジンスキーがシュヴァーロフに宛てた、次の手紙（一八六九年六月日付不詳）にも見出される。

友よ、これまで手紙では、シレンのパンフレットにはあえて言及してこなかった。きわめて印象的であったのだが……。これについて自分の考えをまとめるのは難しいが、サマーリンもシレンも、我々の目指す体制に何ら寄与する者でないことは確かである。前者は沿バルト諸県から純粋にロシア諸県を創ろうとしている。……後者が要求しているのは、ロシアの権力下にありながら、エストラントとリフラントから、できることならクールラントからも、別個の集合体を創設することである。あまりにも思慮を欠いた、歴史とロシア人の民族意識に反した野望である。政府の活動において同じようなことが行われようものなら、危険な禍根が残ることは間違いない(83)。

つまり、アルベジンスキーによれば、サマーリンの主張は現地事情への配慮を欠いた「ロシア化」を煽っている点で、現状ではロシア政府の指針にはなりえないということである。たとえアレクサンドル二世が『ロシアの辺境』に好意的な反応を示していたとしても、バルト海沿岸地方の統合は、一八六〇年代後半の時点において「将来」の目標にすぎない。他方、バルト・ドイツ人の特権の継続を求めるシレンの主張も、政府の方針に反する。現時点ではバルト・ドイツ人の利害に極力配慮しているとはいえ、将来的には現状維持を望んでいるわけではないロシア政府にとって、シレンの主張はもはや時代錯誤である。そして今はバルト海沿岸地方の統合を実現すべき時とは考えていないアルベジンスキーら政府関係者にとって、むしろ問題は、バルト海沿岸地方そのものよりも、過激な言説で人心を惑わし、ナショナリズムを煽るサマーリンやシレンらの方なのである。

このように、ロシア政府、特に貴族党にとってのオストゼイ問題とは、バルト海沿岸地方の統合という将来的な目標を見据えつつも、ナショナリズムの対立を可視化させることなく、現状維持の可能性を追求することであった。そして一八六〇年代半ば以降のオストゼイ問題をめぐる論戦そのものの消滅（もしくは隠蔽）という事態が生じた。それは「クリミア体制」打破に向けてドイツとの協調を重視する一八七〇年代のロシア外交にとっては合目的的であった。また問題が「隠蔽」され、一八八〇年代に上からバルト海沿岸地方のロシア化を推進しようとする動きが出てくるまで、同地方に関する言論活動があまり見られなくなったのは、サマーリン、シレンらのナショナリズムにつながる議論が当時のロシア社会のどこにも確固たる社会的基盤をもっていなかったことの証左であるといえよう。

しかし、ロシア政府の要人たちも安心していたわけではない。一旦は解き放たれたサマーリンとシレンの言説に不安を感じ取った人もいたのである。最後にオルローフ゠ダヴィドーフが発禁となったシレンの本を読みながら書いた日記（一八六九年六月二八日付）から引用し、本章を終えたい。

サマーリンの『ロシアの辺境』に対する返答として書かれたという、シレンの怒りにみちた本を読んでいる。これはサマーリンの本がもたらした大悪を証明するものであり、彼に煽られた激情を予感させるものである。(84)

小　括

本章では、サマーリンの『ロシアの辺境』以降のバルト海沿岸地方に関するロシアの言説状況を論じつつ、オストゼイ問題の浮上から「隠蔽」という、一八六〇年代後半から七〇年代初頭におけるロシア社会の現実と、そこで醸成されたロシア・ナショナリズムとの関係を論じた。一部の知識人が言及するにすぎない局地的な議論にすぎなかったこの問題は、前章で論じたように、ロシア国内外の情勢、バルト・ドイツ人に対する公衆の眼差しの変化、陰謀論的言説といった要因が相互に合わさった結果、ロシア・ナショナリズムの磁場となった。

しかし、それはロシア政府のエリートにとって、望ましくない事態であった。彼らもサマーリンの主張するバルト海沿岸地方のロシアへの統合（特異なバルト・ドイツ人優位の体制の否定）の必要性は理解していたし、改革に着手していた。しかし彼らには、一八六〇年代後半という時点での「統合」が性急すぎるものに映ったのである。

定期刊行物上のバルト海沿岸地方をめぐる論戦がエスカレートする中で、ロシア・ナショナリズムとドイツ・ナショナリズムの対立が激化した。この事態に危機感を覚えた貴族党を中心とするロシア政府は、問題を棚上げし、オストゼイ問題に関する言論を「隠蔽」することで事態を切り抜けようとしたのである。少なくとも、そのように仮定しなければ、説明しがたい状況が生じたのである。

（1） Исаков 1961. С. 153.
（2） Катков 1897 [1868 г.]. С. 509.
（3） Там же. С. 510.
（4） Там же. С. 516.
（5） スラヴ派の思想家、アレクサンドル・キレーエフ（一八三三―一九一〇年）が一八九〇年に書いた論考には、すでにカトコーフとイヴァン・アクサーコフをロシア・ナショナリズムもしくはパン・スラヴ主義の代表者と見なす者がいるとの記述がある（Киреев 2006. С. 513）（キレーエフはそのような見解を批判している）。また近年においても、アストリード・ツミネズや川村清夫らのロシア・ナショナリズム、パン・スラヴ主義に関する研究には、カトコーフとスラヴ派を同系統の思想家と見なしていると思しき記述がある（Tuminez 2000. p. 70. 川村 二〇〇八、一二一頁）。

（6）См.: Изместьева 2004. С. 79–80.

（7）См.: Самарин 2008. С. 357–358.

（8）См.: Миллер 2006. С. 448–449.

（9）См.: Нольде 2003. С. 226.

（10）Аксаков, И. С. 1887. С. 64.

（11）Там же. С. 65.

（12）Переписка 1893. С. 56–58.

（13）元はヴュルテンベルク王国の王女。ニコライ一世の弟、ミハイル・パヴローヴィッチ大公（一七九八—一八四九年）に嫁いだ。自由主義的な思想を持つ政治活動家、芸術家、学者のパトロンとしても知られる。

（14）См.: Победоносцев 1890. С. 33–35.

（15）Самарин 2008. С. 659–660.

（16）Там же. С. 661.

（17）Там же. С. 664.

（18）Там же. С. 664–665.

（19）Гаврилин 1999. С. 132.

（20）Bock 1869.

（21）Schirren 1869.

(22) Eckardt 1869.
(23) Погодин 1869; Самарин 1870.
(24) Катков 1897 [1869 г.]. С. 603.
(25) 田中・倉持・和田 一九九四(2)、二四一頁参照。
(26) Исаков 1961. С. 154.
(27) См.: Цимбаев 1986. С. 227.
(28) Материалы о цензуре и печати 1870. С. 12–13.
(29) РГАДА, ф. 1273, оп. 1, ед. хр. 13, С. 19.
(30) См.: Мырикова 2003. С. 74–75.
(31) Тютчев 1988. С. 345.
(32) Там же. С. 291–292.
(33) Rachfahl 1913. S. 4.
(34) Ebd. S. 4.
(35) Лаппо-Данилевский 1911. С. 104.
(36) Rachfahl 1913. S. 13.
(37) См.: Ширинянц 2008. С. 216.
(38) ОР РНБ, ф. 16, ед. хр. 23, лл. 29 об.-30.
(39) Laqueur 1965. p. 31.
(40) Катков 1897 [1869 г.]. С. 326.
(41) Озолинь 1983. С. 39.
(42) Там же. С. 38.

(43) Schirren 1869. S. 15–16.
(44) Ebd. S. 18.
(45) 「人種」「種族」等を意味する単語として、ドイツ語では通常、“Rasse”が用いられるが、シレンはなぜか“Race”と表記している。
(46) Ebd. S. 103.
(47) Ebd. S. 104–105.
(48) Ebd. S. 105–106.
(49) 小坂井 二〇〇二、一九頁。
(50) LVVA, ф. 3, оп. 5, д. 1864, лл. 52–52 об.
(51) Ширинянц 2008. С. 230.
(52) Pogodin 1870.
(53) Погодин 1869. С. 4.
(54) Там же. С. 5.
(55) Там же. С. 11.
(56) Там же. С. 37.
(57) Там же. С. 91–92.
(58) Schirren 1869. S. 116.
(59) Погодин 1869. С. 69–97.
(60) 一八四〇年代、スヴォーロフのような親バルト・ドイツ人的な沿バルト海諸県の総督を批判して、不遇な目に遭ったことをさしている。
(61) Самарин 1870. С. 3–4.

（62） См.: Записка после выстрела Каракозова 1907. С. 237.

（63） См.: Новицкий 1991. С. 71.

（64） 貴族党の一員と見なされていたヴァルーエフは、一八四五年から沿バルト諸県総督府官房での勤務を皮切りに、クールラント県知事（一八五三—五八年）、国家財産省沿バルト海諸県担当課長（一八五八—六[illegible]年）というバルト海沿岸地方と関わりの深いポストを経て、内務大臣（一八六一—六八年）になった。またシュヴァーロフも一八六四年から一八六六年にかけて、沿バルト諸県総督を務めている。彼は「剛腕」で知られていたため、着任当初はバルト・ドイツ人貴族に不安を抱かせたが、実際には良好な関係を築いた。その後、彼は一八六六年から七四年まで、憲兵隊長兼官房第三部長という地位にあり、内政面で巨大な権力を有していた。См.: Гетманский 2003. С. 114–138.

（65） Самарин 1868. Вып. I. С. 128–129.

（66） См.: Михайлова 2006. С. 17.

（67） Орлов-Давыдов 1857. なお、筆者が実際に参照したのは、ロシア国立図書館手稿部のオルローフ＝ダヴィドーフ家フォンドに含まれている同論文の抜刷（ОР РГБ, ф. 219, к. 80, ед. хр. 5, лл. 45–69）である。

（68） ОР РГБ, ф. 219, к. 80, ед. хр. 5, л. 52.

（69） См.: Христофоров 2002. С. 42–43.

（70） ОР РГБ, ф. 219, к. 86, ед. хр. 5, л. 2.

（71） ОР РГБ, ф. 219, к. 86, ед. хр. 5, л. 3.

（72） Там же.

（73） См.: Михайлова 2006. С. 22–23.

（74） См.: Валуев 1961. Т. 2. С. 431.

（75） ПСЗ II. Т. 41, № 43034. Положение о волостном и общественном управлении в Остзейских губерниях. 19 февраля

1866 г.

（76） См.: Михайлова 2006. С. 26.

（77） この文書は、サンクトペテルブルクのロシア国立歴史文書館のヴァルーエフ・フォンドに収められている（Российский государственный исторический архив, ф. 908, оп. 2, № 45, ч. II, лл. 125-176 об）。しかし、残念ながら、筆者は閲覧することができなかった。筆者のロシア滞在中（二〇〇五年一〇月―二〇〇六年八月）、同文書館は改築工事のため、閉鎖されていたからである。次善策として、イサーコフの著書に紹介されている同文書の断片を参照した。Исаков 1961. С. 178–183.

（78） Валуев 1961. Т. 2. С. 430–431.

（79） Там же. С. 431.

（80） См.: Исаков 1961. С. 179–182.

（81） イサーコフは、この提案を一八八二年からその翌年にかけて実施された「マナセイン調査」を先取りしたものと位置付けている（Исаков 1961. С. 182）。この調査は、元老院議員だったニコライ・マナセイン（一八三五―九五年）によって行われたもので、バルト・ドイツ人地主による農民抑圧の実態と行政的ならびに文化的ロシア化の必要性を指摘した報告として知られている（竹中 一九九四、七四頁参照）。

（82） Валуев 1961. Т. 2. С. 434.

（83） ОР РНБ, ф. 16, ед. хр. 23, л. 29.

（84） РГАДА, ф. 1273, оп. 1, ед. хр. 13, С. 288.

結　論――「オストゼイ問題」とは何であったか

一八世紀以降ロシア帝国の臣民となったバルト・ドイツ人の独特の存在感のルーツを考察するところから筆を起こし、一八四〇年代以降のサマーリンに代表されるバルト海沿岸地方の状況に批判的なロシアの知識人の言説と活動、その時代背景、サマーリンらに対する各方面からの反響、これらの相互作用について考察し、一八六〇年代後半のロシア帝国におけるオストゼイ問題とその収束の過程について論じてきた。

第一章では、一三世紀以来、バルト海沿岸地方において支配階層を形成してきたバルト・ドイツ人貴族、聖職者などがロシア領になった後も現地の支配階層であり続けた背景を明らかにした。時にロシア側に改革を指向する動きが見られたが、「現状維持」と「協調」という基本路線は変わらず、ロシア政府がバルト・ドイツ人に特権と自治を保障してきた歴史、そして農民に困窮をもたらした一九世紀初頭のバルト海沿岸地方における農奴制廃止の実情について論じた。

第二章では、第一章で論じたバルト・ドイツ人の特権的地位に対する批判の先駆者、サマーリンの『リガからの手紙』による問題提起の歴史的背景、同書の内容、それに対する反響、さらにサマーリンがさらなる問題の追及を断念した背景について論じた。

第三章では、バルト海沿岸地方の状況がロシアの定期刊行物において活発に論じられた出版戦争前後の状況について論じた。大改革、ポーランド問題、ドイツ統一問題、国内におけるパン・スラヴ主義イデオロギーの跋扈などを背景として、オストゼイ問題がロシアの社会問題として浮上する過程について論じた。

第四章では、カトコーフがバルト海沿岸地方における「ポーランド人の陰謀」について指摘しながら喧伝し、サマーリンが『ロシアの辺境』第一分冊において「真実」だと証明しようとした「ドイツ人の陰謀」とその影響について論じた。『ロシアの辺境』はバルト・ドイツ人の社会問題化を決定づけ、その陰謀論的テクストがロシア社会に衝撃を与えたのである。

第五章では、『ロシアの辺境』を頂点とする出版戦争が一八七一年以降、急激に鎮静化した背景について論じた。そこにはバルト海沿岸地方の統合を将来の目標に掲げながらも、一八六〇年代後半においては時期尚早であるという判断と、帝国におけるナショナリズムの可視化を避けるという現実的な対応を迫られたロシア政府の論理があったことを明らかにした。

以上の考察によって論証されたのは、次の三点である。第一に、一八世紀以来、特権的地位を享受し、バルト海沿岸地方における事実上の支配者としてふるまってきた「忠実なる臣民」、バルト・ドイツ人はいわばロシア国家のタブーの一つであったが、彼らが問題視されやすい環境が一八六〇年代に入ってから整い始めたということである。一八六〇年代に入ってから彼らの特権、根なし草的な存在を問題視する言説が表れ始めた。それは次のような国内外の情勢を背景として、ロシア・ナショナリズムが台頭してきたことによる。すなわち、クリミア戦争での敗北、大改革に促された批判的言論の活性化、ポーランド問題が及ぼした諸作用（ロシア・ナショナリズムの触媒、ポーランド問題との関連付けによる他の社会問題の「発見」、「敵」の拡散化）、ドイツ統一問題とパン・

スラヴ主義イデオロギーの隆盛を背景とするドイツ・ナショナリズムへの意識・警戒感の高まりなどにより、バルト・ドイツ人をドイツ・ナショナリズムの主体と見なす言説が強くなったのである。

第二に、一八六〇年代半ばから七〇年代初頭にかけてのバルト海沿岸地方をめぐる出版戦争が過熱化し、ドイツ問題としてのオストゼイ問題が浮上する過程において、最も強烈なインパクトがあったのは、バルト海沿岸地方における「ドイツ人の陰謀」という言説だったことである。特にサマーリンの『ロシアの辺境』は、バルト海沿岸地方にドイツ民族の拡大を目指す〈陰謀〉によってロシア人、ロシア語、正教、国家意思が蔑ろにされている状況を告発し、これが単なる一辺境の問題などではなく、ロシアに対する内なる脅威の一つであることを主張し、大反響を呼んだ。その結果、対ドイツ的なロシア・ナショナリズムが過熱した。

第三に、『ロシアの辺境』が、その反論であるシレンの『サマーリン氏へのリフラントの返答』ともども発禁になり、問題に関する公的な議論も急激に鎮静化した事態は、オストゼイ問題に関する議論が事実上、封殺され、ロシアの将来の課題として隠蔽されたことを意味するということである。アレクサンドル二世はバルト海沿岸地方の現状維持には批判的であったし、当時のロシア政府における中心勢力であった貴族党も、将来的にはバルト海沿岸地方の統合を目標にしていたという意味で、最終的な目標についてはサマーリンら反バルト・ドイツ派の知識人と重なる部分があった。しかしロシア政府は、バルト・ドイツ人貴族との軋轢を招く急激な統合には否定的であり、漸進的な改革を当面の方針と位置付けていた。そしてロシア政府は、オストゼイ問題がすでに社会問題化した現状において、サマーリンやシレンらの論戦は、ロシア帝国内部でのロシア・ナショナリズムとドイツ・ナショナリズムの対決を招来しかねない危険な状況と見なした。かくしてロシア政府は、オストゼイ問題自体を棚上げすることで、その「解決」を次代に委ねたのである。

このように、本書の冒頭に掲げた研究目的は達成されたといえる。最後に本書で論じてきた時期以降のバルト・ドイツ人とロシア帝国の歴史を概観し、一八六〇年代後半におけるオストゼイ問題、バルト海沿岸地方をめぐる喧騒とは何であったのかについて一考することで、本書を締め括ることにしたい。

一八八〇年代以降のアレクサンドル三世（一八四五―九四年。在位：一八八一―九四年）の時代は、バルト海沿岸地方の行政面・文化面にわたる「ロシア化」が推進された時代であったといえる。マナセイン調査（第五章註（81）参照）により、ロシア化の必要性が確認され、実際に裁判所、警察、学校等におけるバルト・ドイツ人の影響力、ドイツ語の優位性は相対的に弱められ、中央集権化が推進された。

次の皇帝ニコライ二世（一八六八―一九一八年。在位：一八九四―一九一七年）は、どちらかといえば親バルト・ドイツ人的な皇帝で、再び「共存」政策に傾いた。しかし、一九〇五年以降、バルト・ドイツ人側から、ロシア帝国への愛着や依存心が急速に失われた。この頃バルト海沿岸地方では、エストニア人とラトヴィア人によるバルト・ドイツ人殺害や略奪が多発していた。しかし、ロシア政府は事実上、この状況を黙認したのである。

エストニア人とラトヴィア人が民族意識を自覚的なものとしたのは、一九世紀後半のことである。その礎となったのは、支配者バルト・ドイツ人に対する被支配者という共通意識であった[1]。この意識はしばしばバルト・ドイツ人への憎悪を孕んだナショナリズムと結びつき、一九〇五年だけで一八〇もの領地が略奪、破壊され、八〇人ものバルト・ドイツ人が殺害されたという。しかしロシア政府は、エストニア人とラトヴィア人を鎮めることは困難と判断し、バルト・ドイツ人の特権を廃して、エストニア人とラトヴィア人の暴徒を宥めることで事態の収拾を図ろうとしたのである[2]。

この対応にバルト・ドイツ人は幻滅し、ドイツ本国に庇護を求める傾向を強め、集団で出国する者も出てくるようになった。[3] またドイツ国内でも、バルト・ドイツ人の保護問題は大きな関心を呼んでいた。ドイツ人の中にはマックス・ウェーバー（一八六四―一九二〇年）のように、コスモポリタン的なバルト・ドイツ人は、ドイツ民族という観点からは同胞とは見なしえないという立場をとる者もいたが、独露関係の懸案事項であったことには変わりがなかった。[4] もっとも一九〇五年の革命後に出国を選んだのは一〇〇世帯程度にとどまった。この段階では、バルト・ドイツ人のあいだでもロシア帝国内にとどまることを選ぶ者が多かったのである。[5]

しかし、第一次世界大戦開戦前後の時期になると、ドイツ脅威論が高まり、バルト・ドイツ人へのロシア人の眼差しがさらに厳しくなったことはいうまでもない。分離主義への疑いの目と特権的地位の撤廃を求める声はますます強くなった。バルト海沿岸地方では、バルト・ドイツ人の団体、学校、新聞は、相次いで閉鎖の憂き目にあい、公の場でドイツ語を話すこともままならなくなった。[6] そして開戦によって、事態の深刻化は頂点に達した。ロシア政府はドイツに宣戦布告し、挙国一致体制をしき、愛国的な示威活動も奨励したが、その一方で治安と秩序も維持しなければならないというジレンマに直面した。沸き上がるラトヴィア人とエストニア人の反ドイツ感情を前に、バルト海沿岸地方の治安当局にはもはや、愛国主義を奨励しつつ、それがもたらす民族間の緊張を抑えるという課題に応えられる確信はなかった。当時の内務大臣第一補佐ヴラジーミル・ジュンコフスキーは、一九一四年七月の報告書で治安維持を優先するという方針を示した。しかし、既に治安当局がロシア帝国各地で拡がる示威活動を完全に取り締まれるような状況ではなく、実際にはドイツ人やユダヤ人に対する襲撃がしばしば発生したのである。[7]

さらにその後の事態の推移によって、バルト・ドイツ人はバルト海沿岸地方から姿を消すこととなった。一九一七年の二月革命によるロシア帝国の崩壊、一〇月革命、第一次大戦でのドイツ帝国の敗北と崩壊という事態を受けて、一九一八年、エストニア人とラトヴィア人は初めてそれぞれの国民国家を成立させた。その後も少なからぬバルト・ドイツ人は、経済的には優位な立場を保ちつつ、新しく生れた独立国家のマイノリティ集団として居住し続けた。しかし一九三九年、アドルフ・ヒトラーがバルト・ドイツ人にドイツへの移住を提案し、バルト・ドイツ人はそれに応える形で、バルト諸国を後にしたのである。

このヒトラーによるバルト・ドイツ人への「帰還」要請は、彼が一九三九年一〇月に打ち出した「民族新秩序」計画に沿ったものである。それは「民族移動によるヨーロッパ民族分布の刷新」を目指し、ヨーロッパ各地にドイツ人移住を推進することでドイツの影響力を浸透させようとするものである。この計画の背景には、バルト三国などをソ連の勢力圏とすることを認めた独ソ不可侵条約秘密議定書（一九三九年九月）があったことはいうまでもない。バルト・ドイツ人が去ったバルト諸国は一九四〇年、ソ連に併合された。そしてバルト・ドイツ人のドイツ移住は、一九四一年冬に完了したとされる(8)。

ちなみにジョン・ハアルによれば、ドイツに移住した元バルト・ドイツ人には、ナチスの熱烈な支持者になる者が少なくなかったという。サマーリンやイヴァン・アクサーコフらが指摘したように、プロイセンやオーストリアなど、実際のドイツ圏で暮らしたことのないバルト・ドイツ人にとって、「ドイツ」とは具体性のない抽象的なものにすぎなかった。すなわち、現実に先立つ、曖昧かつ観念的な「ドイツ的なもの」こそ、彼らにとっての「ドイツ」であった。そのため、実際にドイツに移住し、「生身」のドイツ社会やドイツ人を目の当たりにした元バルト・ドイツ人のなかには、幻滅し、孤立感を覚える者が少なくなかったのである。そんな彼らの慰めとなったのが、ナチスの人種主義的、排外主義的なイデオロギーであった。そしてそれは、彼らがロシアから持ち帰った反ロシア感情とも結びつきやすかった。かくして元バルト・ドイツ人は、ドイツで最も急進的な嫌ロシア勢力になったのである。[9]

また、元バルト・ドイツ人は「バルト・ドイツ人文化の保存」を目的とするいくつかの団体を結成したが、その代表的な存在が、本書で詳しく論じたサマーリン批判者の名を冠した「カール・シレン協会（Die Carl-Schirren-Gesellschaft）」である。現在も活動しているこの協会はソ連時代、西ドイツを代表する反ソ・反共団体、親ナチズム団体としてソ連側から非難されていた。リフラント出身の元バルト・ドイツ人で、一九一〇—二〇年代ドイツの「保守革命」運動の活動家として著名な地政学者、マックス＝ヒルデベルト・ベーム（一八九一—一九六八年）らが第二次世界大戦後、この団体の主要メンバーとして活動していたからである。[10] このような人びとの活動の原点には、右に述べたような元バルト・ドイツ人が味わった孤立と幻滅があった。

このように、二〇世紀初頭からバルト・ドイツ人が味わってきたのは、長く親しんできた帝国秩序が失われ、国民国家にとって代わられるという歴史の激震であった。その渦中においても、彼らはロシア帝国時代に育んだ独特のコスモポリタン的精神を手放さなかった。そのため、ドイツという出自への誇り、ロシアへの嫌悪感、現実のドイツ社会への幻滅等の要素と相まって、特異な反ロシア的ドイツ・ナショナリズムをもつにいたった。そしてそれはドイツ現代史に暗い影を落としている。

その歴史の原点は、本稿で明らかになったように、一八六〇年代のオストゼイ問題をめぐる論戦にあったといえよう。スラヴ派の一論客に過ぎなかったサマーリンが行った問題提起を発端として、オストゼイ問題をめぐるロシアとドイツのナショナリズムの対立は、ロシア帝国の秩序にとって危険な火種となり、ロシア政府はその対応に神経を尖らせることになった。つまり、一八六〇年代のオストゼイ問題は、まず思想家のテクストにおいて政治化し、その後、帝国秩序を揺るがす大問題に発展したのである。

その意味では、オストゼイ問題の展開を顧みることは、思想の現実に対する「力」を検証する作業であるといえよう。もちろん、思想そのものが直接的に現実を突き動かす作用因になることはほとんどない。しかし、そのテクストがあるコンテクストにおいて読まれるとき、思想は巨大な破壊力を持ちうる。サマーリンの『リガからの手紙』や『ロシアの辺境』は政府に敵視されていたため、それらをリアルタイムで読んだ者はそれほど多くない。しかし、その中に盛り込まれた「ナショナリズムの帝国への挑戦」という文脈が一九世紀後半のロシアの状況に合致し、サマーリンの思想は、ロシア帝国を震撼させる力の源泉となった。そしてカトコーフ、アクサーコフ、ポゴージン、そしてボックやシレンらが筆を闘わせた出版戦争において、その力が具現化されたところのナショナリズムが顕在化した。つまり、それは帝国の原理に対する対抗原理としてのロシア・ナショナリズムが熟成する過程であったといえよう。一八六〇年代後半のオストゼイ問題をめぐる論戦とその後の展開が我々に伝えているのは、思想家のテクストが時にもつ、現実に働きかけ、現状と社会意識を変革する力の強さである。

（1）　ラトヴィア人とエストニア人の「バルト・ドイツ人に対する被支配者」という意識を促進したのは、ロシア化政策であった側面がある。すなわち、ロシア政府はバルト・ドイツ人の勢力を弱めるため、ラトヴィア人とエストニア人の彼らに対する憎悪を促したのである。そして憎悪がナショナリズムと結びついたとしても、それが文化的なものである限り、ロシア政府は黙認していたという（志摩 二〇〇四、一一六—一一七頁参照）。つまりロシア政府は、バルト・ドイツ人に、ラトヴィア人とエストニア人のナショナリズムで対抗しようとした。

（2）　См.: Андреева 2008. С.105.

（3）　Hehn 1984. S. 15.

（4）　今野 二〇〇三、一五五頁参照。

（5） 第一次世界大戦時のバルト・ドイツ人による反ロシア的プロパガンダに関するジョン・ハアルの博士論文によれば、少なくとも二〇世紀初頭までは、大半のバルト・ドイツ人はロシア帝国への忠誠心を失っていなかった。しかし、一九〇五年以前にも移住の動きがあった時期として、「一八六〇年代後半」と「一八八〇―九〇年代」を挙げている。前者の時期の移住者には、エッカート、シレンなど、出版戦争で活躍した知識人も含まれている。後者では、「ロシア化」に反発した人びとが数多く移住したとされる（cf. Haar III 1977. pp. 7–15）。ただし、ハアルは一八六〇年代の移住者を「第一世代」、一八八〇―九〇年代の移住者を「第二世代」と呼び、あたかも出国運動でもあったかのような筆致で論じているが、注意が必要であろう。カブーザンが呈示した統計によれば、沿バルト海諸県の総人口に対するドイツ系人口の割合は、一八五八年が六・六パーセント（約一一万四〇〇〇人）であるのに対し、一八九七年が六・九パーセント（約一六万五六〇〇人）である。つまり、一八六〇年代から一八九〇年代にかけての時期に、バルト・ドイツ人が目立って減少した状況を想像しにくいのである。См.: Кабузан 2003. С. 165.

（6） Карьяхярм 2002. С. 48.

（7） Lohr 2003. pp. 13–17.

（8） Hehn 1984. S. 75–87.

（9） Haar III 1977. pp. 17–18.

（10） Озолинь 1983. С. 38–43.

あとがき

　著者がオストゼイ問題の研究を本格的に開始したきっかけは、本書でたびたび引用したソ連時代の代表的研究者であるセルゲイ・イサーコフ、マクシム・ドゥハーノフらの著書を読み、一八六〇年代後半に生じたバルト・ドイツ人をめぐる出版戦争という状況に興味を持ったことである。後から過去を振り返ったとき、転換点に見える出来事、すなわち、その前と後で、世の中が一変したかのように感じさせる出来事がある。出版戦争もそのような出来事の一つのように感じられた。バルト・ドイツ人の特権の制限と、司法、警察、教育のロシアへの統合が進んだのは一八八〇年代から九〇年代にかけてのことである。しかし、サマーリン、カトコーフらに代表されるロシアの論客たちは、六〇年代にバルト・ドイツ人の存在の前近代性、無根拠性を暴き、既に「紙面」では彼らの特権に決定的な打撃を与えたという点で、著者には、出版戦争が時代の転機をなした「革命」に見えたのである。

　ただ、一八六〇年代のある数年間に、なぜ激しい論戦が行われなければならなかったのか、事情がさっぱりわからなかった。大改革やポーランド反乱など、当時のロシア社会の混乱の背景についても調べてみたが、それと出版戦争がなかなか結びつかなかった。試行錯誤しながら自分なりに出した結論は、ものを書いて世に問う行為が少なくとも何らかの意志と情念を前提とする以上、そのような何かがバルト・ドイツ人を言論で攻撃する人々にもあるはずである、ということだった。彼らの意志と情念のありようを解明することで、この論戦の実情を説明できると考えたのである。

こうして彼らを突き動かしているものの正体を突き止め、それが当時のロシア社会に作用する過程を描きだすことが著者の研究課題となった。また、この課題を果たすことで、一八六〇年代後半ロシアの精神状況の一端を示すことができると考えた。そしてサマーリンらの著作を精読する中で、オストゼイ問題とは「帝国とナショナリズムの原理的対立」というコンテクストのもとでロシアの知識人たちが直面した社会問題の一つであり、彼らを動かし、この問題へのコミットメントを特徴づける鍵概念は〈陰謀〉である、という着想を得た。本書は、この着想を出発点として進めてきた研究をまとめたものである。右のような著者の問題意識が妥当なのか、意図するところを説得的に論じることができたかについては、読者の判断に委ねたい。

本書の骨格をなすのは、二〇〇九年一一月に北海道大学に提出した学位請求論文「一八六〇年代後半のロシア帝国におけるオストゼイ問題の浮上と隠蔽——バルト・ドイツ人批判とロシア・ナショナリズムの相関関係に関する考察」である。本書の準備は、博士号取得後の研究成果を加味しつつ、学位請求論文に大幅な加筆と削除を行うかたちで行われた。そのため、殆ど原形をとどめていない部分も多いことを断わっておく。特に大きな変更点は、オストゼイ問題の研究史を概観した部分をほぼすべて削除したこと、カトコーフについての記述を増やしたことなどである。ただ、多くの修正を施したとはいえ、さらに研究で補うべき点が数多く残されているのも自覚している。忌憚なき意見、批判をいただければ望外の喜びである。

本書の準備中、研究生活をはじめたときから今日に至るまで、実に多くの人々のおかげをこうむってきたことに改めて気づかされた。そのすべての方々に感謝の意を記したい思いに駆られる。しかし、ここでは本書の成立とそのもとになった研究と直接かかわりのある方々に限り、お名前を挙げさせていただき、感謝を申し上げたい。

松里公孝先生には北海道大学大学院に入学して以来、ロシア研究を手取り足取り指導していただき、博士論文審査では主査を務めていただいた。先生の学問に対する情熱と圧倒的なエネルギーを身近に感じながら大学院時代を過ごすことが出来たのは、何にも代えがたい幸運であった。望月哲男先生、竹中浩先生、山本文彦先生には、博士論文審査で副査を引き受けていただき、多くの貴重な指摘と助言をいただいた。学界を代表する先生方に審査していただいたことは、著者の大きな財産である。アレクサンドル・シリニャンツ先生には、初めてモスクワ大学に留学した頃から、公私にわたり気にかけていただいている。一私費留学生だった著者に研究を勧め、最初に拙文を活字にする機会をくださったのは先生である。当時から今に至るまで、会うたびに啓発していただいている。大矢温先生には、ロシア政治思想史研究に関してさまざまなご指導と助言をいただいた。著者は学位取得後の四年間、国外にいたが、その間も日本の学界と関わりながら研究を続けられたのは、先生がご自身の共同研究に参加させてくださったおかげである。本書で重要な位置を占めるカトコーフ研究を深めることができたのも、この共同研究によるところが大きい。長縄光男先生、御子柴道夫先生、加藤史朗先生、清水昭雄先生、杉浦秀一先生、根村亮先生、下里俊行先生、大須賀史和先生には、学会や研究会、あるいは酒席での議論、雑談を通じて、多くのことを学ばせていただいた。趙姫淑氏、渡辺圭氏、志田恭子氏、飛矢崎雅也氏、斎藤祥平氏には、研究上の助言や指摘だけでなく、さまざまな局面で支援と激励をいただいた。前川陽祐氏は、学位取得後、埃をかぶっていた博士論文に関心を寄せられ、丁寧に読んでくださった。また、氏の専門であるドイツ史の観点から、的確かつ有益なコメントを寄せてくださった。

本書のもとになった研究の核というべき部分の多くは、日露青年交流センターの若手研究者等フェローシップによる留学中（二〇〇五年一〇月から〇六年八月まで）の成果である。また、研究協力者として参加させていただいた科学研究費基盤研究(B)「ロシア思想史の多面的包括的再構築」（二〇〇三―〇六年度、研究課題番号一五三二〇〇三五・研究代表者：御子柴道夫）および同「競争的国際関係を与件とした広域共生の政治思想に関する研究」（二〇〇九―一三年度、研究課題番号二一三二〇〇三〇・研究代表者：大矢温）での成果も本書に盛り込まれている。記して感謝を申し上げる。

本書は、第二回法政大学出版局学術図書刊行助成を受けて刊行される。このような勿体ない機会を与えてくださった一般財団法人法政大学出版局の関係者の方々に感謝を申し上げる。特に本書の編集を担当してくださった岡林彩子氏には、本当にお世話になった。氏の緻密で配慮の行き届いた仕事なくして、本書は成立しえなかった。改めて感謝を申し上げる。

最後になるが、本書の準備作業にじっくりと取り組むことができたのは、著者が在籍する島根県立大学北東アジア地域研究センターの恵まれた知的環境のおかげである。井上厚史センター長を始めとする諸先生、同僚諸氏に心より感謝を申し上げる。

山本健三（やまもと けんそう）
　1971 年生．北海道大学大学院文学研究科博士後期課程修了．博士（学術）．島根県立大学北東アジア地域研究センター研究員兼嘱託助手，島根県立大学総合政策学部非常勤講師．政治思想史専攻．論文に「広域共生をめざす政治的ナショナリズム——1860 年代後半のバルト・ドイツ人問題に関するカトコーフの言論活動」（『ロシア思想史研究』第 5 号，2014 年），「M・A・バクーニンにおけるアジア問題—— G・マッツィーニ批判と「黄禍」」（『スラヴ研究』第 60 号，2013 年）ほか，がある．

帝国・〈陰謀〉・ナショナリズム
　「国民」統合過程のロシア社会とバルト・ドイツ人

2016 年 8 月 24 日　第 1 刷発行

著　者　山本健三

発行所　一般財団法人 法政大学出版局
〒102-0071　東京都千代田区富士見 2-17-1
電話 03（5214）5540　振替 00160-6-95814

印刷 平文社　製本 積信堂
装幀 奥定泰之

ISBN978-4-588-37603-0　Printed in Japan

参考文献

I　一次史料

（ⅰ）文書館史料

Государственный архив Российской Федерации, Москва（ГАРФ）（ロシア連邦国立文書館（ロシア，モスクワ））

ф. 109（1-я экспедиция III отделения）

Eesti Ajalooarhiiv, Tartu（EA）（エストニア国立歴史文書館（エストニア，タルトゥ））

ф. 2057（Fond Perekond Wrangell）

Latvijas valsts vestures arhīvs, Riga（LVVA）（ラトヴィア国立歴史文書館（ラトヴィア，リガ））

ф. 3（Fonda Vidzemes gubernatora kanceleja）

Отдел рукописей Российской государственной библиотеки, Москва（ОР РГБ）（ロシア国立図書館手稿部（ロシア，モスクワ））

ф. 58 II（фонд И.И. Воронцова-Дашкова）

ф. 169（фонд Д.А. Милютина）

ф. 219（фонд Орловых-Давыдовых）

ф. 265（фонд Самариных）

Отдел рукописей Российской национальной библиотеки, Санкт-Петербург（ОР РНБ）（ロシア国民図書館手稿部（ロシア，サンクトペテルブルク））

ф. 16（фонд П.А. Альбединского）

ф. 246（фонд И.Я. Депмана）

Российский государственный архив древних актов, Москва（РГАДА）（ロシア国立古文書館（ロシア，モスクワ））

ф. 1273（фонд Орловых-Давыдовых）

ф. 1277（фонд Самариных）

（ⅱ）著作・論文（ロシア語）

Аксаков, И. С. 1860–87. Сочинения. Т. 1–7. М.

—— 2002. Вопросы, предложенные Ивану Сергеевичу Аксакову III-им отделением // Быть России в благоденствии и славе: Послания великим князьям, царям, императорам, политическим деятелям о том, как улучшить «государственное устроение». М., С. 343–356.

Аксаков, К. С. 1875–89. Полное собрание сочинений. В 3 томах. М.

Аксаков, К. С., Аксаков, И. С. 2010. Избранные труды. М.

Бакунин, М. А. 1896. Письма к А. И. Герцену и А. П. Огареву: с приложением его памфлетов, биографическим введением и объяснительными примечаниями М.П. Драгоманова. Женева.

—— 1934–35. Собрание сочинений и писем. Т. 1–4. / Под ред. Ю. М. Стеклова. М.

—— 1989. Философия, социология и политика. М.

—— 2000. Анархия и порядок. М.

Берг, Н. В. 2008. Записки о польских заговорах и восстаниях 1831–1862. М.

Бердяев, Н. А. 1991. Духи русской революции // Вехи / Из глубины. М., С. 250–289.（ベルジャーエフ「ロシア革命の精神」長縄光男訳，ベルジャーエフ，イヴァーノフ，フランク他『深き淵より』（ロシア革命批判論文集 2）長縄光男・御子柴道夫監訳，現代企画室，1992 年）

Бицын, Н.（Павлов, Н. М.）1873. Заметка на статью С-Петербургских ведомостей о польском катехизисе // Русский архив. Год 11. М., С. 200–203.

Боровой, А., Отверженный, Н. 1925. Миф о Бакунине. М.

Валуев, П. А. 1868. Собственноручные отметки министра внутренних дел на журналах Совета Главного Управления по делам печати. СПб.

Врангель, Ф. Ф. 1907. Остзейский вопрос в личном освещении. СПб.

Герцен, А. И. 1954. Собрание сочинений в 30 томах. Т. 2. Статьи и фельетоны 1841–1846. М.

Данилевский, Н. Я. 1991. Россия и Европа. М.

Карамзин, Н. М. 1980. Письма русского путешественника. Повести. М.

Катехизис польский и русский 1863. Извлеченено из Юго-Западного Вестника. Киев.

Катков, М. Н. 1887. год: собрание статей по польскому вопросу помещавшихся в Московских ведомостях, Русском вестнике и Современной летописи. Вып. Пер. М.

—— 1897. Собрание передовых статей Московских ведомостей. 1864–1870 гг. М.

—— 2011. Собрание сочинений: Т. 1–6. СПб.

Киреев, А. А. 2006. Славянофильство и национализм. Ответ В.С. Соловьеву <фрагменты> // Славянофильство: pro et contra. СПб., С. 513–523.

Миллер, О. Ф. 2006. Славянофилы и Катков // Славянофильство: pro et contra. СПб., С. 448–451.

Муравьёв, М. Н. 1865. Отчет по управлению северо-западным краем с 1 мая 1863 г. по 17 апреля 1865 г. СПб.

Орлов-Давыдов, В. П. 1857. Положение о крестьянах Эстляндской губернии // Журнал МВД., Кн.6.

Погодин, М. П. 1869. Остзейский вопрос. Письмо к профессору Ширрену. М.

Православие и лютеранство в России. 1890. Лейпциг.
Пыпин, А. Н. 2002. Панславизм в прошлом и настоящем. М.
Самарин, Ю. Ф. 1868. Окраины России. Сер. I. Русское балтийское поморье. Вып. I и II. Прага.
—— 1870. Ответ гг. ф. Бокку и Ширрену по поводу «Окраин России». Берлин.
—— 1871. Окраины России. Сер. I. Русское балтийское поморье. Вып. III. Берлин.
—— 1889–1911. Сочинения. Т. 1–10, 12. М.
—— 2008. Православие и народность. М.
Тютчев, Ф. И. 1988. Литературное наследство. Т. 97. Федор Иванович Тютчев. Кн. Первая. М.

（ⅲ）著作・論文（ロシア語以外の言語）

Bock, W. 1867. *Livländische Beiträge zur Verbreitung gründlicher Runde von der protestantischen Landeskirche und dem deutschen Landes-staate in den Ostseeprovinzen Russlands, von ihrem guten Rechte und von ihrem Kampfe um Gewissensfreiheitë, zweiter Beitrag*. Berlin: Stilke & van Munden.
—— 1869. *Der deutsch-russische Konflikt an der Ostsee: Zukünftiges, geschaut im Bilde der Vergangenheit und der Gegenwart.* Leipzig: Duncker und Humbolt.
Eckardt, J. 1996. Kommentare // Jurij Samarin. *Das russisch-baltische Küstenland im gegenwärtigen Ausblick*. Münster: Lit. S. 163–269［Reprint der Ausgabe Leipzig 1869］.
Fichte, J. G. 1845. “Beitrag zur der Urtheile des Publicums über die französische Revolution,” *Johann Gottlieb Fichte's sämmtliche Werke, Bd. 6; Abt. 3. Populärphilosophische Schriften; Bd. 1*. Berlin: Veit.（フィヒテ「フランス革命についての大衆の判断を正すための寄与」田村一郎訳，『フィヒテ全集』第2巻，哲書房，1997年）
Fircks, G. F. 1804. *Die Letten in Kurland oder Vertheidigung meines Vaterlandes gegen die Angriffe von G. Merkel in dessen Letten. Kurlands Edlen gewidmet*. Leipzig.
Hamilton, A., Madison, J. and Jay, J. 2003. *The Federalist, with Letters of “Brutus”* / ed. Terence Ball. Cambridge: Cambridge University Press.（A・ハミルトン，J・ジェイ，J・マディソン『ザ・フェデラリスト』斎藤眞・中野勝郎編訳，岩波書店（岩波文庫），1999年）
Merkel, G. H. 1797. *Die Letten vorzüglich in Liefland am Ende des philosophischen Jahrhunderts. Ein Beitrag zur Völker- und Menschenkunde*. Leipzig.
—— 1814. *Beweis daß es halb so viel koste seine Ländereien von Tagelöhnern bearbeiten zu lassen als von leibeigenen Bauern*. Riga.
—— 1820. *Die freien Letten und Esthen. Eine Erinnerungs-Schrift zu dem am 6. Januar 1820. in Riga gefeierten Freiheitfeste*. Leipzig.
Petri, J. C. 1802. *Ehstland und die Ehsten oder historisch-geographisch-statistisches*

Gemälde von Ehstland. Ein Seitenstück zu Merkel über die Letten. Gotha.
Pogodin, M. P. 1870. *Offener Brief an Herrn Professor Schirren ueber dessen Buch: Livländische Antwort*. Berlin.
Schirren, C. 1869. *Livländische Antwort an Herrn Juri Samarin*. Leipzig.
Tiebe, H. F. 1804. *Lief- und Ehstlands Ehrenrettung gegen Herrn Merkel und Petri*. Halle.
—— 1805. *Nachtrag zu Lief- und Ehstlands Ehrenrettung oder die Todten Lieflands stehen gegen Herrn Merkel auf*. Halle.

（iv）回想・日記・書簡

Переписка, Ю. Ф. 1893. Самарина с баронессою Э. Ф. Раден 1861–1876 гг.. М.
Валуев, П. А. 1961. Днебник министра внутренних дел в двух томах. Т. 2（1865–1876 гг.）. М.
Давыдов, В. 1877. Самарин-ополченец（из воспоминаний его дружинного начальника по ополчению 1855 г.）// Русский архив: № 5–8. Кн. 2. М., С. 42–49.
Кошелев, А. И. 1991. Записки. М.
Лаппо-Данилевский, А. С. 1911. К. К. Ширрен. Некролог // Известия Императорской академии наук. СПб., С. 103–106.
Лемке, М. К. 1904. Эпоха цензурных реформы 1859–1865 годов. СПб.
Мещерский, В. П. 2003. Мои воспоминания. 2-е изд. М. ［1-е изд.: СПб., 1897（Часть 1 и 2）, СПб., 1912（Часть 3）］.
Милютин, Д. А. 2005. Воспоминания. 1865–1867 / Под ред. Л.Г. Захаровой. М.
Никитенко, А. В. 1956. Дневник. Т. 1–3. М.
Новицкий, В. Д. 1991. Из воспоминаний жандарма. М.
Оболенский, Д. А. 2005. Записки. СПб.
Победоносцев, К. П. 1890. Воспоминание об Эдите Раден. СПб.
Феоктистов, Е. М. 1929. За кулисами политики и литературы. Л.
Rachfahl, F. 1913. *Carl Schirren: eine Lebensskizze*. Kiel: Walter G. Mühlau.

（v）法令集・政府内史料集

Записка после выстрела Каракозова 4-го апреля 1866 г. 1907. // Былое. № 1. С. 235–240.
Материалы о цензуре и печати 1870. / Под ред. В.П. Ширкова. Ч.2. СПб.
Православие и лютеранство в прибалтийском крае по новейшим данным русской периодической печати. 1911. СПб.
Полное собрание законов Российской империи. Соб. 1-е и 2-е（ПСЗ）.
Немцы в истории России Документы высших органов власти и военного командования. 1652–1917. 2006. / Сост. В.Ф. Дизендорф. М., С. 72–81.

II 研究書・研究論文

（事典類に収録された論稿であっても，論文の体裁をとり，著者が示されているものについては，論文として扱った）

（ⅰ）ロシア語文献

Андреев, А. Ф. 2005. Русские студенты в немецких университетах XVIII – первой половины XIX века. М.

Андреева, Н. С. 2008. Прибалтийско-немецкое дворянство и политика российского правительства в начале XX в. // Вопросы истории. № 1. С. 103–111.

Аксёнова, Е. П. 2006. А. Н. Пыпин о славянстве. М.

Афанасьев, А. К. 2007. Ю. Ф. Самарин о положении русских в Прибалтике, его верховные цензоры и журнал «Русский архив» // Российский архив（история отечества в свидетельствах и документах XVIII – XX вв.）. Вып. 16. М., С. 713–723.

Багдасарян, В. Э. 1999. «Теория заговора» в отечественной историографии второй половины XIX – XX вв. М.

Балуев, Б. П. 1999. Споры о судьбах России: Н. Я. Данилевский и его книга «Россия и Европа». М.

Бахтурина, А. Ю. 2004. Окраины российской империи: государственное управление и национальная политика в годы первой мировой войны（1914–17 гг.）. М.

Белякова, Н. А., Токарева, Е. С. 2015. Кирилло-мефодиевские юбилеи в России и СССР в контексте конструктов национальной и религиозной идентичности в странах славянского мира и выстраивания отношений с католицизмом // Научный диалог. № 1（37）. С. 81–107.

Борисёнок, Ю. А. 1997. Чертово колесо: современный взгляд на «Исповедь» Михаила Бакунина Николаю I // Родина. № 12. С. 44–50.

Брутян, А. Л. 2001. М. Н. Катков: социально-политические взгляды / Под ред. Е. Н. Мощелкова. М.

Бухарин, Н. И. 2007. Российско-польские отношения в XIX – первой половине XX в. // Вопросы истории. № 7. С. 3–16.

Воробьева, Л. М. 2009. История Латвии: От Российской империи к СССР. Кн. 1. М.

Воронин, И. А. 2005. Самарин // Общественная мысль России XVIII – начала XX века: Энциклопедия. М., С. 482–483.

Гаврилин, А. В. 1999. Очерки истории рижской епархии. 19 век. Рига.

Гарлиб Меркель и его книга о латышах в XVIII веке. 1871 // Русский архив（1870）. М., С. 1009–1124.

Герман, А. А., Плеве, И. Р. 2002. Немцы поволжья: Краткий исторический очерк. Саратов.

Гетманский, А. Э. 2003. П. А. Валуев и национальная политика самодержавия. Тула.

Горизонтов, Л. Е. 1999. Парадоксы имперской политики: поляки в России и русские в Польше（XIX – начало XX в.）. М.

—— 2004. Польский вопрос в кругу «роковых вопросов» Российской Империи（1831 год – начало XX века）// Государственное и муниципальное управление в России: История и современность: Сборник научных трудов. Самара.（レオニード・ゴリゾントフ「ロシア帝国の「致命的問題」群におけるポーランド問題（1831 年―20 世紀初頭）」山本健三・松里公孝訳，『ロシア史研究』第 74 号，2004 年）

Гросул, В. Я. 2000. В эпоху реформы 1861 года（1856–1866 гг.）// Гросул, В.Я., Итенберг, Г. С., Твардовская, В. А., Шацилло, К. Ф., Эймонтова, Р. Г., Русский консерватизм XX столетия. Идеология и практика. М., С. 192–229.

Демин, В. Н. 2006. Бакунин. М.

Дизендорф, В. Ф. 2006. Введение // Немцы в истории России: Документы высших органов власти и военного командования. 1652–1917 / Сост. В.Ф. Дизендорф. М., С. 5–14.

Долбилов, М. 2005. Д. Полонофобия и политика русификации в северо-западном крае империи в 1860-е гг. // Образ врага / сост. Л. Гулов; ред. Н. Кондрадова. М., С. 127–174.

Дудзинская, Е. А. 1994. Славянофилы в пореформенной России. М.

Духанов, М. М. 1978. Остзейцы. Политика остзейского дворянства в 50-70-х гг. XIX в. и критика ее апологетической историографии. 2-е переработанное и дополненное издание. Рига.

Дьяков, В. А. 1993. Славянский вопрос в общественной жизни дореволюционной России. М.（ウラディーミル・アナトリエヴィチ・ディヤコフ『スラヴ世界――革命前ロシアの社会思想史から』早坂真理・加藤史朗訳，彩流社，1996 年）

Ефремов, А. В. 2006. Концепция Н. Я. Данилевского в оценках современников（1870-е – 1890-е годы）. Автореф. дис. ... канд. ист. наук. М.

Загора, Р. 2011. Идеолог словацкого национального возрождения Людовит Штур и представители российских общественных и научных кругов в 1830-х – первой половине 1850-х гг. Автореф. дис. ... канд. ист. наук. СПб.

Ибнеева, Г. В. 2004. Путешествие Екатерины II в остзейский край в 1764 г. // Россия и Балтия: Остзейские губернии и Северо-Западный край в политике реформ Российской империи. 2-я половина XVIII в. – XX в. М., С. 15–36.

Изместьева, Г. П. 2004. Михаил Никифорович Катков // Вопросы истории. № 4. С. 71–92.

Исаков, С. Г. 1961. Остзейский вопрос в русской печати 1860-х годов. Тарту.

Исхакова, О. А. 2005. «Голос» // Общественная мысль России XVIII – начала XX века: Энциклопедия. М., С. 113–114.

Йосифова, П. 1990. Ю. Ф. Самарин и его «Письма из Риги» // Вестник московского университета. Сер. 8, история. № 6. С. 3–13.

Кабузан, В. М. 2003. Немецкоязычное население в Российской империи и СССР в XVIII – XX веках (1719 – 1989 гг.): историко-статистическое исследование. М.

Каппелер, А. 2005. Образование наций и национальные движения в Российской империи // Российская империя в зарубежной историографии. М., С. 395–435.

Карьяхярм, Т. 2002. Попытки реформ местного управления в Прибалтике в 1914–1916 гг. // Россия и Балтия: эпоха перемени (1914–1924). М., С. 48–59.

—— 2013. Остзейцы и балтийцы: экскурс в терминологию // Россия и Прибалтийский регион в XIX – XX вв.: Проблемы взаимоотношений в меняющемся мире. М., С. 7–26.

Кулешова, О. В. 2013. Наследие М. Н. Каткова в современной России. М.

Лебедев, С. В. 1999. Альтернатива справа. Национально-патриотическое движение в России: Историческая традиция, идеологические направления и перспективы. СПб.

—— 2009. Филарет // Славянофилы. Историческая энциклопедия / Сост. и отв. редактор О. А. Платонов. М., С. 557–559.

Лурье, Ф. М. 2001. Нечаев: Созидатель разрушения. М.

Майков, П. М. 1905. О своде законов Российской империи. СПб.

Машкин, М. Н. 2007. Бисмарк и «остзейский вопрос» в России // Россия и Германия. Вып. 4. М., С. 74–83.

Миллер, А. И. 2000. «Украинский вопрос» в политике властей и русском общественном мнении (вторая половина XIX в.). СПб.

Михайлова, Ю. Л. 2006. «Балтийский вопрос с правительственной точки зрения»: П. А. Валуев и его роль в управлении прибалтийским краем в 1860-е годы // Россия и Балтия. Вып. 4. Человек в истории. М., С. 16–28.

—— 2007. Славянофилы и остзейский вопрос (40 – 60-е гг. XIX в.) // Отечественная история. № 5. С. 49–60.

—— 2008. Крестьянский вопрос в Прибалтийском крае на страницах российской прессы и публицистики в 40-е - 70-е годы XIX века. Автореф. дис. ... канд. ист. наук. М.

Мырикова, А. В. 2003. Ф. И. Тютчев: особенности политического дискурса. М.

Назарова, Т. А. 1998. Общественно-политические взгляды Ю. Ф. Самарина. М.

Нольде, Б. Э. 2003. Юрий Самарин и его время. М.

Озолинь, П. 1983.Остзейское наследие в деятельности общества им. К. Ширрена в ФРГ // Германия и Прибалтика: сб. научных трудов. Рига, С. 38–50.

Писаренко, К. А. 2010. Абоский мир 1743 года // Вопросы истории. № 3. С. 106–113.

Попов, Э. А., Велигонова, И. В. 2014. Когда слово повелевает Империей: Периодические издания М. Н. Каткова и новые технологии общественно-государственной политики реформирующейся России (середина 1850-х – 1880-е гг.). М.

Прокудин, Б. А. 2007. Идея славянского единства в политической мысли России XIX века (генезис, основные направления и этапы развития). Автореф. дис. ... канд. полит. наук. М.

Реннер, А. 2005. Изобретающее воспоминание: Русский этнос в российской национальной памяти // Российская империя в зарубежной историографии. Работы последних лет: Антология / сост. П. Верт, П. С. Кабытов, А. И. Миллер. М., С. 436–471.

Рокина, Г. В. 1998. Канун Славянского съезда 1867 г.: трактат Л. Штура "Славянство и мир будущего" // Славянское движение XIX – XX веков: съезды, конгрессы, совещания, манифесты, обращения. М., С. 73–94.

Русский вопрос в истории политики и мысли. Антология. 2013. / Под ред. А. Ю. Шутова, А. А. Ширинянца. М.

Самарин, Д. Ф. 1889. Предисловие // Самарин Ю. Ф. Сочинения. Т. 7. М., С. I-CXXXV.

Санькова, С. М. 2007. Государственный деятель без должности. М. Н. Катков как идеолог государственного национализма. Историографический аспект. СПб.

Скороходова, С. И. 2013. Философия истории Ю. Ф. Самарина в контексте русской философской мысли XX – первой четверти XX веков. М.

Стродс, Х. 2000. Начало переселения латышских крестьян в Россию в 40-е – 60-е гг. XIX в. // Россия и Балтия. Народы и страны. Вторая половина XIX – 30-е гг. XX века. М., С. 5–11.

Твардовская, В. А. 1978. Идеология пореформенного самодержавия (М. Н. Катков и его издания). М.

Флоря, Б. Н. 1973. Русско-польские отношения и балтийский вопрос в конце XVI - начале XVII в. М.

Хоскинг, Дж. 2008. Михаил Катков и имперский национализм // Катковский вестник: Религиозно-философские чтения: К 190-летию со дня рождения М. Н. Каткова. М., С. 83–89.

Христофоров, И. А. 2002. «Аристократическая» оппозиция великим реформам (конец 1850 – середина 1870-х гг.). М.

—— 2005. «Весть» // Общественная мысль России XVIII – начала XX века: Энциклопедия. М., С. 84–85.

Цимбаев, Н. И. 1986. Славянофильство. М.

Цимбаева, Е. Н. 1999. Русский католицизм. Забытое прошлое российского либера-

лизма. М.
Цифанова, И. В. 2005. Польские переселенцы на Северном Каказе в XIX в.: особенности процесса адаптации. Дис. ... канд. ист. наук. Ставрополь.
Чернуха, В. Г. 1989. Правительственная политика в отношении печати 60 – 70-е годы XIX века. М.
Чукарев, А. Г. 2005. Тайная полиция России: 1825–1855 гг.. М.
Чумиков, А. 1890. Генерал-губернаторство князя А. А. Суворова в прибалтийском крае // Русский архив. 1890 (9). М., С. 58–80.
Ширинянц, А. А. 2008. Русский хранитель: Политический консерватизм М. П. Погодина. М.
—— 2011. Нигилизм или консерватизм? (Русская интеллигенция в истории политики и мысли). М.
Ширинянц А. А., Мырикова А. В. 2014. «Внутренняя» русофобия и «польский вопрос» в России XX в. // Вестник Российской нации. № 2. С. 15–27.
Шкаровский, М. В., Черепенина, Н. Ю. 2004. История Евангелическо-Лютеранской Церкви на Северо-Западе России (1917–1945). СПб.
Эсты и латыши их история и быт: Сборник статей. 1916. / Под редакцией М. А. Рейснера. М.

（ⅱ）欧米語文献

Avrich, P. 1987. *Bakunin and Nechaev*. London: Freedom Press.
Barkun, M. 2003. *A Culture of Conspiracy: Apocalyptic Visions in Contemporary America*. Berkeley / Los Angels / London: University of California Press.（マイケル・バーカン『現代アメリカの陰謀論――黙示録・秘密結社・ユダヤ人・異星人』林和彦訳，三交社，2004 年）
Christoff, P. K. 1991. *An Introduction to Nineteenth-century Russian Slavophilism: Iu. F. Samarin*. Boulder: Westview Press.
Dolbilov, M. 2007. "Russian Nationalism and the Nineteen-Century Policy of Russification in the Russian Empire's Western Region," *Imperiology: From Empirical Knowledge to Discussing the Russian Empire*. / ed. Kimitaka Matsuzato. Sapporo: Slavic Research Center, Hokkaido University, pp. 141–158.
Elias, N. 1989. *Studien über die Deutschen: Machtkämpfe und Habitusentwicklung im 19. und 20. Jahrhundert*. Suhrkamp.（ノルベルト・エリアス『ドイツ人論――文明化と暴力』ミヒャエル・シュレーター編，青木隆嘉訳，法政大学出版局，1996 年）
Haar III, J. M. 1977. "'The Russian Menace': Baltic German Publicists and Russophobia in World War I Germany," Ph. D. dissertation in History (University of Georgia).
Haltzel, M. H. 1981."The Baltic Germans," *Russification in the Baltic Provinces and Finland, 1855–1914*. / ed. Edward C. Thaden Princeton: Princeton University Press,

pp. 109–204.

Hehn, J. 1984. *Die Umsiedlung der baltischen Deutschen – das letzte Kapital baltisch-deutscher Geschichte*. Marburg / Lahn: J. G. Herder-Instisut.

Hosking, G. 1997. *Russia: People and Empire 1552–1917*. Cambridge: Harvard University Press.

Kappeler, A. 2001. *The Russian Empire: A Multiethnic History*. / trans. Alfred Clayton. Harlow: Longman.

Laqueur, W. 1965. *Russia and Germany: A Century of Conflict*. Boston: Little, Brown and Company.

Lieven, D. 2001. *Empire: The Russian Empire and Its Rivals*. New Haven: Yale University Press.（ドミニク・リーベン『帝国の興亡――ロシア帝国とそのライバル』下巻，袴田茂樹監修，松井秀和訳，日本経済新聞社，2002 年）

Lohr, E. 2003. *Nationalizing the Russian Empire: The Campaign against Enemy Aliens during World War I*. Cambridge / Massachusetts / London: Harvard University Press.

Maiorova, O. 2005. "War as Peace: The Trope of War in Russian Nationalist Discourse during the Polish Uprising of 1863," *Kritika: Exploration in Russian and Eurasian History 6, 3* (Summer), pp. 501–534.

Matsumura, T. 2007. "To What Extent Could the Empire Be Constituted? Objective Limitation on Agrarian Discourse in Nineteenth-century Russia: The Baltic Provinces, the Russian Black Soil Region, and Right-Bank Ukraine," *Imperiology: From Empirical Knowledge to Discussing the Russian Empire*. / ed. Kimitaka Matsuzato. Sapporo: Slavic Research Center, Hokkaido University, pp. 159–178.

Milojković-Djurić, J. 1994. *Panslavism and National Identity in Russia and in the Balkans, 1830–1880: Images of the Self and Others*. New York: Boulder.

Pomper, P. 1973. "Nechaev and Tsaricide: The Conspiracy within the Conspiracy," *The Russian Review*, vol. 33, № 2 (April), pp. 123–138.

Porter, B. 2000. *When Nationalism Began to Hate: Imagining Modern Politics in Nineteenth-Century Poland*. New York / Oxford: Oxford University Press.

Saltman, R. B. 1983. *The Social and Political Thought of Michael Bakunin*. Westport: Greenwood Press.

Shlapentokh, D. 1996. *The French Revolution in Russian Intellectual Life, 1865–1905*. Westport, Conn: Praeger.

Thaden, E. C. 1964. *Conservative Nationalism in Nineteenth-Century Russia*. Seattle: University of Washington Press.

—— 1974. "Samarin's '*Okrainy Rossii*' and Official Policy in the Baltic Provinces," *Russian Review*, vol. 33, №. 4 (Oct.), pp. 405–415.

Tuminez, A. S. 2000. *Russian Nationalism Since 1856: Ideology and the Making of Foreign Policy*. Lanham: Rowman & Littlefield Publishers.

Walicki, A. 2005. "The Slavophile Thinkers and the Polish Question in 1863," *Polish Encounters, Russian Identity.* / ed. David L. Rassel and Bozena Shallcross. Bloomingston: Indiana University Press, pp. 89–99.

Weeks, T. 2003. "'Us' or 'Them'? Belarusians and Official Russia, 1863–1914," *Nationalities Papers*, vol. 31, № 2 (June), pp. 211–224.

（iii）日本語文献

板橋拓己 2007「ドイツ問題と中欧連邦構想——コンスタンティン・フランツを中心に」,『北大法学論集』第57巻第6号, 277–312頁.

今村労 1995「18世紀バルト海沿岸地方の農民問題——G・メルケルの「ラトヴィア人」から」,『社会科学討究』第40巻第3号, 195–220頁.

大矢温 2004「チュッチェフと1867年スラヴ会議」,『ロシア思想史研究』第1号, 95–106頁.

勝田吉太郎 1961『近代ロシヤ政治思想史——西欧主義とスラヴ主義』創文社.

—— 1966『アナーキスト——ロシヤ革命の先駆』筑摩書房.

川村清夫 2008『プラハとモスクワのスラヴ会議』中央公論事業出版.

貴堂嘉之 2008「「人種化」の近代とアメリカ合衆国——ソシアビリテの交錯と「国民」の境界」,『歴史学研究』増刊号（10月）, 90–99頁.

栗生沢猛夫 1997『ボリス・ゴドノフと偽のドミトリー——「動乱」の時代のロシア』山川出版社.

小坂井敏晶 2002『民族という虚構』東京大学出版会.

今野元 2003『マックス・ヴェーバーとポーランド問題——ヴィルヘルム期ドイツ・ナショナリズム研究序説』東京大学出版会.

志摩園子 2004『物語 バルト三国の歴史——エストニア・ラトヴィア・リトアニア』中央公論新社（中公新書）.

清水昭雄 1987「ピョートル大帝とその改革に関する古典的スラヴ主義者の見解について」,『一橋論叢』第97巻第5号, 680–697頁.

—— 1991「古典的スラヴ主義者が提唱したロシアの原理について（2）——コンスタンチン・アクサーコフとユーリー・サマーリンの場合」,『工学院大学共通課程研究論叢』第29号, 51–66頁.

下里俊行 1995「カラコーゾフ事件とロシアの社会運動（1866年）」,『一橋論叢』第113巻第2号（2月号）, 217–236頁.

鈴木健夫 2004『近代ロシアと農村共同体——改革と伝統』創文社.

鈴木徹 2000『バルト三国史』東海大学出版会.

高田和夫 2004『近代ロシア社会史研究——「科学と文化」の時代における労働者』山川出版社.

竹中浩 1994「帝政期におけるロシア・ナショナリズムと同化政策——沿バルト地域のロシア化を手掛かりにして」,『年報政治学』日本政治学会, 61–77頁.

—— 1999『近代ロシアへの転換——大改革時代の自由主義思想』東京大学出版会.
田中陽兒・倉持俊一・和田春樹編 1994-95『世界歴史大系 ロシア史』全3巻, 山川出版社.
橋川文三 2005『ナショナリズム——その神話と論理』(新装復刊版) 紀伊國屋書店.
長谷川一年 2008「レヴィ＝ストロースとゴビノー——レイシズムをめぐって」,『思想』12月号, 209-228頁.
松里公孝 1998「19世紀から20世紀初頭にかけての右岸ウクライナにおけるポーランド・ファクター」,『スラヴ研究』第45号, 101-138頁.
—— 2006「ソ連崩壊後のスラブ・ユーラシア世界とロシア帝国論の隆盛」, 山下範久編『帝国論』講談社 (講談社選書メチエ), 145-165頁.
—— 2008「境界地域から世界帝国へ——ブリテン, ロシア, 清」北海道大学スラブ研究センター監修, 松里公孝編『講座 スラブ・ユーラシア学』第3巻「ユーラシア——帝国の大陸」講談社, 41-80頁.
松元雅和 2009「多文化主義とナショナリズム」(第六章), 施光恒・黒宮一太編『ナショナリズムの政治学 規範理論への誘い』ナカニシヤ出版, 106-125頁.
御子柴道夫 2003『ロシア宗教思想史』成文社.
望月哲男 2005「19世紀ロシア文学におけるイエズス会のイメージ——『カラマーゾフの兄弟』読解へのステップ」,『19世紀ロシア文学という現在』(21世紀COEプログラム研究報告集10), 33-52頁.
山内進 1997『北の十字軍——「ヨーロッパ」の北方拡大』講談社 (講談社選書メチエ).
山下範久 2008『現代帝国論——人類史の中のグローバリゼーション』日本放送出版協会 (NHKブックス).
山本健三 2003a「ソ連史学におけるM・A・バクーニンの受容」,『ロシア史研究』第73号, 55-67頁.
—— 2003b「M・A・バクーニンにおけるスラヴ問題——研究史と問題提起」,『スラヴ研究』第50号, 317-329頁.
良知力編 1979『共同研究 1848年革命』大月書店.

(iv) 事典類

Политология: Энциклопедический словарь. 1993. М.
Русская философия: Словарь. 1999. / Под общ. ред. М.А. Маслин. М.
Славяноведение в дореволюционной России. 1979. М.
Федерализм: Энциклопедический словарь. 1997. М.
Федерализм: Энциклопедия. 2000. М.

（ｖ）日本語訳文献
ヴァリツキ，アンジェイ 1979『ロシア社会思想とスラヴ主義』今井義夫訳，未来社.
オーバーレンダー，エルヴィン 1990『レフ・トルストイと革命運動』法橋和彦監訳，大阪外国語大学学術出版委員会.
ビーバーシュタイン 1981『ヨーロッパ反体制思想』國嶋一則・久保陽一・戸田洋樹訳，公論社.
マサリク，トマーシュ 2002–05『ロシアとヨーロッパ――ロシアにおける精神潮流の研究』全三巻，石川達夫・長與進訳，成文社.
マルクス，エンゲルス 1955『革命と反革命』エリナー・マルクス・アヴェリング編，武田隆夫訳，岩波書店（岩波文庫）.
―― 2002『新編輯版 ドイツ・イデオロギー』廣松渉編訳，小林昌人補訳，岩波書店（岩波文庫）.
ヤイスマン，ミヒャエル 2007『国民とその敵』木村靖二編，辻英史・西山暁義訳，山川出版社.